돈, 운, 인간 관계가
술술 풀리는 습관의 힘

말버릇
마음버릇
몸버릇

돈, 운, 인간 관계가
술술 풀리는 습관의 힘

말버릇 마음버릇 몸버릇

초판 1쇄 발행 2020년 3월 3일
초판 2쇄 발행 2020년 3월 18일

지은이 다네이치 쇼가쿠
옮긴이 전선영
펴낸이 고정호
펴낸곳 베이직북스
주소 서울시 마포구 양화로 156,1508호(동교동 LG팰리스)
전화 02) 2678-0455
팩스 02) 2678-0454
이메일 basicbooks1@hanmail.net
홈페이지 www.basicbooks.co.kr
출판등록 제 2007-000241호
I S B N 979-11-6340-039-4   03190

* 가격은 뒤표지에 있습니다.
* 잘못된 책이나 파본은 교환하여 드립니다.

돈, 운, 인간 관계가
술술 풀리는

습 관 의   힘

말
버
릇

마 음 버 릇

몸
버
릇

다네이치 쇼가쿠 지음 — 전선영 옮김

베이직북스

내 인생을 역전시킨 단 하나의 방법

-무의식적인 '습관'을 깨닫고 패턴을 바꾸는 것

내 인생은 왜 이렇게 지지리도 운이 없을까?

어두운 이야기부터 해보죠. 우선 제 가정환경을 말할게요. 아버지는 경찰관, 어머니는 전업주부였습니다. 젓가락 쓰는 법, 말투는 물론 기본 생활 태도 전반에 이르기까지 가정교육이 매우 엄격한 집이었습니다. 아버지 직업상 어쩌면 당연했겠지만, 가족이 단란한 시간을 보낸 적은 거의 없고 아버지와 어머니의 금실 좋은 모습도 그다지 본 적이 없습니다.

대학 시절, 여름방학에 뭘 할지 친구와 이야기를 나누다가 저는 깜짝 놀랐습니다.

"쇼가쿠, 주말에 우리 부모님이 여행을 가셔서 그날은 혼자야."

"뭐라고? 아버지와 어머니가 같이 여행을 가신다고? 진짜? 왜? 따로 할 이야기가 있어서?"

웃을 이야기가 아닙니다. 어린 시절부터 우리 집에는 왠지 모를 긴장감이 감돌았고, 부모님이 농담을 나누거나 두 분만 놀러 간다는 건 상상도 할 수 없었으니까요.

그러고 보니 초등학생 때 '왜 난 입만 열면 남을 헐뜯을까?' 이런 생각을 한 적이 있습니다. 당연하죠. 집에서 듣는 말이라고는 십중팔구 꾸중이나 훈계였으니까요. 게다가 어린 시절 내내 부모님께 인정받지 못하는 것 같아 줄곧 자신을 한심하게 생각하며 자랐거든요. 그런 집에서 자랐으니 당연히 팡팡 터지는 행운이 찾아온 적은 없었습니다. 부모가 된 지금은 두 분 나름대로 애정으로 키우셨다는 걸 알지만 예전에는 깨닫지 못했습니다.

두 살 아래인 남동생은 어릴 때부터 아토피와 원인 모를 병에 시달렸습니다. 그 병 때문에 머리카락이 빠져버린 동생은 학교에서 괴롭힘을 당하는 경우가 많았습니다. 학교에 가면 때때로 친구들이 저를 놀렸습니다.

"네 동생 대머리라면서?"

"○○가 네 동생이 대머리라고 하더라."

마음이 복잡했습니다. 감수성이 예민했던 소년 시절, 동생을 감싸주기는커녕 오히려 동생과 사이가 나빠졌습니다.

엎친 데 덮치듯 어머니가 류머티즘에 걸리고 말았습니다. 서양의학을 비롯해 한방, 민간요법, 수상쩍은 종교 의식에 이르기까지 온갖 방법이란 방법은 다 써 보았지만, 어머니의 류머티즘은 심해지기만 했습니다. 결국 걷기도 힘들어져서 우리 형제는 10대 시절부터 어머니 수발을 들어야 했습니다.

정말이지 무슨 인생이 이렇게 꼬이기만 하냐고 생각했습니다. 주위를 둘러보아도 애초에 저만큼 불우한 사람이 없어 보여 주위에 대한 반항심도 컸습니다. 하지만 그게 다가 아니었습니다. 온갖 악당을 겨우겨우 물리치고 났을 때 등장하는 거대한 악당처럼 제가 도저히 감당할 수 없는 더 큰 불행이 저를 기다리고 있었습니다.

말리지 못한 아버지의 자살

대학에 다닐 때였습니다. 경찰관이었던 아버지가 유도 시합 중 머리부터 바닥으로 떨어져 세게 부딪치는 바람에 크게 다치고 말았습니다. 바로 병원으로 옮겨져 치료를 받기는 했으나 한동안은 집에서 요양해야만 했습니다. 용케 직장에 복귀는 했지만, 머리가 멍해서 일에 집중할 수 없다며 휴직과 복직을 반복하였습니다.

그러다가 제가 사회인이 된 지 1년이 되었을 무렵, 아버지는 우울증까지 얻어 자택에서 한 차례 자살을 시도했습니다. 다행히 빨리 발견되어 아버지는 살 수 있었습니다.

하지만 몇 달 후, 두 번째 시도가 있었고 결과는 첫 번

째와 달랐습니다. 제가 모교에 취직해 간신히 일에 익숙
해졌을 무렵이었지요.

그날 점심시간, 저는 직장에서 아버지에게 전화를 걸
었습니다. 그 무렵에는 아버지의 상태를 살피는 것이 제
일과였습니다.

"괜찮아요?"

"응, 괜찮다."

그것이 아버지에게서 들은 마지막 말이었습니다.

그 직후 아버지가 자살했으니까요.

'왜 아버지를 살릴 수 없었을까?'

'왜 알아차리지 못했을까?'

슬픔과 자책의 거친 파도에 저는 만신창이가 되고 말
았습니다. 거지 같은 인생, 운이란 운은 죄다 피해 가는
인간이라는 생각을 떨칠 수 없었습니다.

이런 경험들이 제 몸과 마음을 완전히 뒤틀리게 했습
니다. 세상을 보는 눈은 물론 자신을 대하는 태도를 삐
딱하게 만든 것이죠. 인생을 부정적인 시선으로 바라보

는 인간이 되었고, 대학 시절에는 오직 튀고 싶어서 머리를 길러 갈색으로 물들이고 귀도 뚫었습니다. 편찮으신 어머니께 내내 야단만 맞았습니다.

세상만사 삐딱하게 보던 나를 바꾼 가르침

열등감이 남들 두세 배는 강했던 만큼 인정받고 싶다는 '승인 욕구'도 강했습니다. 유명해지고 싶고, 튀고 싶고, 이기고 싶고, 남을 꺾고 싶은 마음을 억누르지 못해 무턱대고 남에게 공격적이었습니다. 그러니 마음을 터놓고 지내는 친구도 거의 없었습니다. 청춘 시절 저는 시커먼 터널 속을 홀로 악에 받쳐 걸었습니다.

그 무렵 만난 것이 불교였습니다. 불행이 자꾸 잇따르자 애초에 집터가 나쁜가 싶어 풍수도 공부하고, 지푸라기라도 잡는 심정으로 이런저런 강연을 들으러 다녔습니다. 한 강연회에서 강사로 오신 진언종 큰스님을 만나게 되었습니다. 그분이 바로 제 스승이십니다.

인생을 바꾸고 싶다고 절실하게 생각하던 차에 스승

님을 만났으니 자연스레 불교에 이끌렸습니다. 자연의 이치를 좇아 환경도 바꾸고 불교를 수행하면서부터 제 인생은 조금씩 바뀌기 시작했습니다.

불교, 특히 진언종에서는 자기 고민이나 어리석음을 부정하지 않고 있는 그대로 인정해도 된다고 가르치기 때문입니다. 남을 구제하는 것은 자기나 자기 가족을 구하고 나서 해도 된다고 가르치기 때문입니다. '일단은 자기 구제부터'라는 철저한 가르침이 수렁에서 허덕이던 저를 건져 올렸습니다. 흔히들 내가 행복해져야 남을 행복하게 해 줄 수 있다는데, 딱 그랬습니다.

저는 불교 수행을 통해서 현실을 바꾸는 유일한 방법을 배웠습니다. 그것은 자신의 무의식적인 '습관'을 바꾸는 것입니다. 그렇게 우울한 인생을 살았던 저도 지금은 옛날에는 꿈도 못 꾸었던 행복한 가정을 이루었습니다. 다 습관을 바꾼 덕분입니다.

다만 처음부터 미리 말씀드리지만, 인생은 극적으로 바뀌지 않습니다. 이 책을 읽었다고 당장 내일부터 인생이 갑자기 온통 장밋빛으로 물드는 그런 마법을 저는 쓰지 못합니다. 극적으로 바뀐 것은 금세 원래대로 돌아갑니다. 다이어트를 한번 떠올려 보세요. 억지로 몸무게를 심하게 줄이면 금세 요요가 찾아옵니다. 시간을 들여 조금씩 바꾸다 보면 확실히 바뀝니다. 이런 저도 바뀌었으니 여러분이 바뀌지 않을 리 없습니다.

포인트는 하나입니다.

자신의 무의식적인 '습관'을 깨닫고 그 패턴을 바꾸는 것.

저 자신은 물론 강연을 듣는 수강생, 상담이나 문의를 하러 오신 분들이 모두 바뀌었듯이 여러분도 확실한 변화를 체감할 수 있습니다. 이 책이 조금이라도 여러분의 인생을 바꾸는 데 도움이 된다면 이보다 큰 기쁨도 없을 것입니다.

차례

서장

습관을 지배하지 않으면
습관이 나를 지배한다

1장

지금의 나를 바꾸는 습관

2장

운을 내 편으로 만드는 습관

3장

돈을 끌어당기는 습관

4장

인간관계가 술술 풀리는 습관

습관을 지배하지 않으면
습관이 나를 지배한다

습관의 쇠사슬은 거의 느끼지 못할 만큼 가늘다.

그것을 깨달았을 때는 끊을 수 없을 정도로

이미 굳고 단단해져 있다.

-린든 베인스 존슨

사람은 무의식적 습관에 끌려가는 존재

먼저 인생을 바꾸는 기본적인 원리부터 대강 짚어볼까요. 설명이 다소 길어 따분해서 싫다면 바로 1장으로 넘어가도 괜찮습니다.

저는 대학에 다닐 때만 해도 인생을 반쯤 포기하고 살았습니다. 왜 남들과 잘 어울리지 못하는지, 왜 불운이 항상 나만 따라다니는 건지 알 수 없었으니까요. 스스로 그렇게 믿었을 뿐이지만 그때는 그렇게 생각했습니다.

"그런 운명을 타고 났으니 사는 게 이 모양이지……"

하지만 아버지가 돌아가시고 더는 인생을 이렇게 살아서는 안 되겠다는 생각이 들어 '풍수' 공부와 '불교' 수행을 시작하였습니다. 그러자 여태 품어왔던 고민이 어디에서 비롯되었는지 또렷이 보이기 시작했습니다. 고민의 원천은 제가 가진 무의식적인 '습관'이었습니다.

우리는 으레 자기 몸을 자기가 의식적으로 움직인다고 생각합니다. 하지만 사실은 그렇지 않습니다. 의식이란 건 이외로 무의식(잠재의식)에 의해 지배되는 부분이 많습니다. 그래서 자신도 모르는 사이에 몸이 저절로 움직이기도 하는 것입니다.

하버드대학교 경영대학원의 제럴드 잘트먼 명예교수는 심리학, 뇌 과학 등 다양한 전문 영역의 연구 성과를 융합한 마케팅 이론을 제시했습니다. 그는 우리가 하는 행동의 95%는 무의식이 지배하며 의식의 영향은 단 5%에 지나지 않는다고 말합니다.

"사람은 겉모습이 90%"라는 말이 있지만, 우리는 95%의 무의식으로 움직입니다. 그 무의식은 사람마다 달라서 그 사람 고유의 '습관'을 만듭니다. 세상에 누구 하나 똑같은 얼굴이 없듯이 무의식도 한 사람 한 사람 모두 다릅니다.

예를 들어 지나치게 겸손하여 '죄송합니다', '미안합니다', '아니, 그게 아니라'라는 말을 입에 달고 사는 사람이 있습니다. 또 마음이 급하면 무심결에 엘리베이터 닫기 버튼을 마구 누르는 사람도 있고, 저 사람이 저런 말을 한 것은 분명 나를 싫어해서 그런 거라며 타인의 말이나 행동을 즉각 부정적으로 받아들여 망상을 부풀리는 사람도 있습니다.

이런 행동은 전부 무의식적인 '습관' 때문에 나타납니다. 그렇기 때문에 **나를 변화시키거나 새로운 삶을 살고 싶다면 우선 나의 95%를 차지하는 무의식의 '습관'부터 바꿔야 합니다.**

습관이 뭉쳐
나를 만든다

무의식적인 '습관'을 만드는 것은 다음 세 가지입니다.

(1) 타고난 것, 즉 선천적인 것(=기질)

(2) 부모나 학교, 교사, 사회에서 학습한 것(=교육, 이것이 무의식중에 지니는 가치관이나 세계관, 전제가 됩니다)

(3) 자란 곳이나 생활하는 장소에서 영향을 받은 것 (=환경)

이 세 가지가 어우러져 그 사람 고유의 무의식적인 '습관'을 만듭니다. 그리고 이런 무의식적인 '습관'이 그 사람의 자주하는 말, 마음, 행동의 버릇으로 고스란히 나타납니다.

무심코 입에 담고 마는 말버릇.
무의식중에 떠올리는 마음 버릇.
자기도 모르게 하고 있는 행동 버릇.

이 모든 것들의 배경에는 무의식적인 '습관'이 있으며 하나같이 자신도 모르는 사이에 겉으로 드러납니다. 그렇게 만들어진 '나'의 한 걸음 한 걸음이 '인생'이 됩니다. 그런 까닭에 자기 자신이나 인생을 바꾸기 위해 뿌리 박힌 무의식적 '습관'을 바꾸지 않는 한 언제까지나 같은 상황이 반복되어 문제를 해결할 수 없습니다.

바로 그 무의식적인 '습관'에 직접 영향을 미쳐 뿌리부터 '나'를 완전히 바꿔나가야 합니다. **의식적으로 수백**

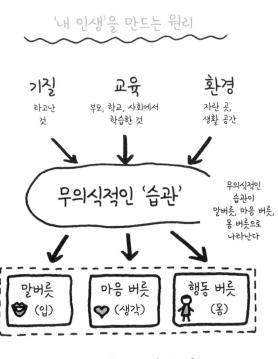

기질	교육	환경
타고난 것	부모, 학교, 사회에서 학습한 것	자란 곳, 생활 공간

무의식적인 '습관'

무의식적인 습관이 말버릇, 마음 버릇, 몸 버릇으로 나타난다

말버릇 ♥ (입)	마음 버릇 ♥ (생각)	행동 버릇 (몸)

정형화된 말버릇, 마음 버릇, 몸 버릇이
'이런 사람'이라는 나를 만든다

'이런 사람'인 내가 걸어가는 길
= 인생

'이런 사람'이라는
나

번, 수천 번 수행을 거듭하면 무의식적 '습관'을 말끔히 떨쳐낼 수 있습니다. 오랜 습관을 수행을 통해 다른 습관으로 대체하는 것입니다. 오랜 습관이 느슨해졌을 때 자기가 원하는 새로운 습관을 정착시켜 '이런 나'를 '되고 싶은 나'로 바꾸어 가는 것입니다.

다만 사람들에게 무턱대고, "자, 지금부터 수행을 시작합시다!"라고 말하기는 어렵겠지요. 이 책에서는 일반인이 일상생활에서 바로 실천에 옮길 수 있는 '자신'과 '자신의 운'을 바꾸는 방법을 전하고자 합니다.

무의식적인 '습관'은 말버릇, 마음 버릇, 몸 버릇을 통해 겉으로 드러납니다. 30쪽 그림에서 흰 화살표로 표시한 부분을 봐 주세요. 말과 마음과 몸에 밴 버릇을 고쳐 가면 문제의 근원인 무의식적인 습관을 고칠 수 있습니다. 같은 그림에서 검은색 화살표가 향하는 부분을 보세요.

인생을 바꾸는
말버릇, 마음 버릇, 몸 버릇

말과 마음과 몸의 버릇을 바꿈으로써 무의식적인 '습관'을 바꾼다. 이것은 일반인도 너끈히 할 수 있는 방법입니다. 다시 말해서,

⑴ 평소 입에 담는 말(=말버릇)

⑵ 평소 떠올리는 생각(=마음 버릇)

⑶ 평소 하는 행동(=몸 버릇)

을 바꾸면 문제의 근원인 무의식적인 '습관'을 고칠

수 있습니다.

이것을 더욱 효과적으로 극대화하는 방법이 말버릇, 마음 버릇, 몸 버릇의 방향성을 일치시키는 것입니다.

늘 남을 헐뜯는 '말버릇'을 고치고, 늘 남을 의심하거나 나쁘게 보는 '마음 버릇'을 바로잡고, 늘 상대방에게 적대적으로 구는 '몸 버릇'을 바꾸어 일관성을 띠면 줄곧 생각대로 되지 않았던 자신과 인생이 자신도 모르게 나아질 것입니다.

지금까지의 버릇을 고쳐서 정반대의 버릇을 몸에 익히면 인생만 바뀌는 것이 아닙니다. 제게 상담을 받았던 어떤 분은 일은 열정적으로 잘하는데 입만 열면 무의식 중에 푸념을 하곤 했습니다. 그분은 '말버릇'을 고치고, 남에게 부정적으로 행동하는 '몸 버릇', 망상을 품는 '마음 버릇'을 버린 것만으로 석 달 사이에 꿈꾸던 결혼 상대를 만날 수 있었습니다.

이것을 '신(身), 구(口), 의(意)의 일치'라고 합니다. '말버릇', '마음 버릇', '몸 버릇'을 같은 목적을 향해 전부 일치시키고 동시에 고쳐 나갑니다. 그렇게 하면 무의식적인 습관이 크게 바뀌어 무의식적인 습관이 만든 '이런 나'와 '이런 내 인생'도 확 바뀌기 시작합니다.

즉 **'몸'과 '입'과 '마음'을 일치시키면 인생에서 이루고 싶은 꿈을 뭐든 이룰 수 있습니다.** 불교가 '현세의 이익'을 이루는 최강의 멘토로 불리는 까닭은 이 방법이 있기 때문입니다. 무의식적인 습관을 바꾸어 인생을 생각대로 살아가는 '신, 구, 의의 일치'라는 방법을 쓰지 않을 이유가 없습니다.

참고로 불교에서는 '신(몸 버릇)', '구(말버릇)', '의(마음 버릇)'의 순서로 나타내지만, 이 책에서는 이해하기 쉽도록 말버릇, 마음 버릇, 몸 버릇 순으로 이야기하겠습니다.

습관 변화의 시작은
환경 바꾸기부터

무의식적인 습관을 바꾸는 방법은 한 가지가 더 있습니다.

30쪽 그림을 한 번 더 볼까요.

무의식적인 습관은 (1) 타고난 기질과 (2) 부모나 사회에서 배운 교육 (3) 환경이 어우러져 만들어집니다.

세 가지 가운데 마지막, 환경에 변화를 주면 근원에 있는 무의식적인 습관을 고치고 자신과 인생을 바꿀 수 있습니다.

내 인생을 바꾸는 원리

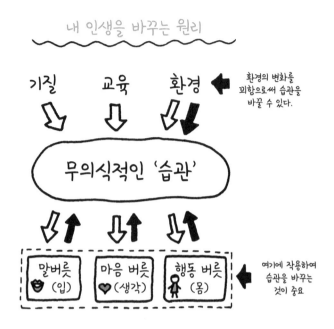

기질　　교육　　환경 ← 환경의 변화를 꾀함으로써 습관을 바꿀 수 있다.

무의식적인 '습관'

| 말버릇 ☺ (입) | 마음 버릇 ♥ (생각) | 행동 버릇 ☺ (몸) | ← 여기에 작용하여 습관을 바꾸는 것이 중요 |

말버릇, 마음 버릇, 몸 버릇의 패턴이 바뀌므로
'이런 사람'이라는 나도 바뀐다

'이런 사람'이라는
'나'가 바뀐다

'바뀐 나'가 걸어가는 길
= 인생

'예전의 나'가 걷는 인생

우리는 자기도 모르는 사이에 환경의 큰 영향을 받습니다. 인간은 늘 오감(시각, 청각, 후각, 미각, 촉각)을 통해 환경에서 정보를 받아들입니다. 이 과정은 의식할 때뿐만 아니라 무의식 상태에서도 이루어집니다.

독일 하이델베르크대학 생리학 연구소 만프레트 치머만(Manfred Zimmermann) 교수의 연구에 따르면 무의식 상태에서 시각으로 날아드는 정보는 초당 1000만 비트라고 합니다(비트는 컴퓨터가 처리하는 정보의 최소 단위입니다). 의식하고 있을 때 들어오는 정보가 초당 40비트라고 하므로 무의식 상태에서는 그보다 자그마치 25만 배나 되는 정보를 받아들이는 셈입니다.

청각으로는 의식하고 있는 상태의 약 3000배, 촉각으로는 20만 배, 미각에서는 1000배, 후각으로는 10만 배나 되는 정보를 무의식 상태에서 받아들입니다. 우리가 받아들이는 정보는 무의식 상태일 때가 압도적으로 많다는 뜻입니다. 우리 무의식은 오감을 통해 자기가 의식하는 것보다 몇만 배나 되는 영향을 환경으로부터 받고 있습니다.

이를테면 물건이 잔뜩 어질러진 방에 있으면 우리 눈은 무의식중에 늘 어질러져 있는 물건을 보게 됩니다. 악취가 나는 곳에 있으면 우리 코는 늘 불쾌한 냄새를 맡아야 하지요. 그런 환경에 익숙해져서 신경도 안 쓰게 되고, 결국 의식 속에서 그것은 당연한 일이 되지만, 무의식의 세계에서는 어질러진 방의 광경을 계속 보고 악취를 계속 맡고 있습니다. 그런 것이 그 사람 고유의 무의식, 즉 무의식적인 습관을 만들어 갑니다.

그렇다면 이렇게 우리에게 큰 영향을 주는 환경에 손을 댈 수는 없을까요? 옛사람들은 환경에 변화를 줌으로써 나쁜 영향을 좋은 영향으로 바꾸려 했습니다. 흔히 말하는 풍수가 그런 역할을 하는 기술이지요. 그 방식을 빌려 이 책에서는 환경의 변화를 꾀함으로써 무의식적인 습관에 좋은 영향을 주어 좋은 습관으로 바꾸는 방법도 아울러 소개하겠습니다.

1장

지금의 나를
바꾸는 습관

처음에는 우리가 습관을 만들지만 그 다음에는
습관이 우리를 만든다.

—존 드라이든

반복 연습으로
평생 습관을 만들어라

'지금'의 자신을 어떻게든 하고 싶을 때, '지금' 이 상황을 바꾸고 싶을 때, 몸과 입과 생각을 일치시켜야 합니다.

몸(늘 하는 몸 버릇), 입(늘 하는 말버릇), 생각(늘 하는 마음 버릇)이 일치되지 않으면 바라지 않은 현실이, 일치되면 바라던 소망이 눈앞에 나타납니다.

저는 '지금, 바로 이 순간'을 바꾸고 싶은 절박한 마음으로 스승의 가르침을 따라 몸과 입과 생각을, 즉 몸 버릇과 말버릇과 마음 버릇을 돌이켜 보았습니다. 저는 늘 남에게 적대적으로 행동했고, 입만 열면 남을 헐뜯었으며 속으로는 결코 남에게 마음을 열지 않겠다고 생각하고 있었습니다. 한마디로 몸과 입과 생각에 똑같이 남을 거부하는 습관이 배어 같은 행동을 반복하고 있었습니다. 그 결과가 '생각대로 되지 않는 나'라는 형태로 나타났습니다.

식생활도 마찬가집니다. 달거나 열량이 높은 음식만 먹다 보면 당뇨병이나 비만이 되기 쉽고, 술만 마시다 보면 간이 상하기 쉽지요. 식생활의 오랜 '습관'이 그 사람의 '지금' 건강 상태라는 눈에 보이는 형태로 나타납니다.

무의식적인 습관이 형태로 나타났다면 같은 일을 오래도록 반복하며 살아온 것입니다. 케이크를 어제와 오늘 두세 번 계속해서 먹었다고 갑자기 변화가 찾아오지는 않습니다. 하지만 꾸준히 몇 달, 몇 년, 몇십 년 동안 '습관적'으로 계속 먹으면 이런저런 성인병이 되어 나타납니다.

습관이 형태가 되어 나타난 결과는 금방 없애지 못합

니다. 하루 이틀 음식에 주의를 기울였다고 해서 살이 빠지지도 않고 몸 상태가 좋아지지도 않습니다. 체형이나 체중에 신경 쓰지 않는다면 상관없지만, 만약 신경이 쓰이거나 몸에 문제가 있어 바꾸고 싶다면 **일단 나타난 결과를 없애거나 고치기 위해 꾸준히 다른 '습관'을 반복하여 새로운 결과를 만들 수밖에 없습니다.** 식생활의 새로운 습관을 몇 달, 몇 년 이어감으로써 생활 습관병이 좋아졌다는 새로운 결과를 손에 넣을 수 있습니다. 인생이나 삶의 방식을 바꾸는 것도 똑같습니다.

나의 무의식적인 습관을
모조리 파악해라

'지금'의 나를 바꾸고 싶다면 일단 '지금'의 나를 만든 무의식적인 습관이 무엇인지 알아야 합니다. 왜냐하면 '지금'의 나는 스스로 거의 의식한 적 없이 줄곧 반복해 온 말버릇, 마음 버릇, 몸 버릇의 결정체니까요. 지나치게 살이 쪘거나 몸이 상한 원인이 식생활 습관에 있다는 것을 알고 나서 그 습관을 고치고 새롭게 식생활을 꾸리면 문제가 해결되는 것과 마찬가지입니다.

만약 '지금' 상태를 바꾸고 싶다면 무의식중에 만들어진 것을 의식적으로 찾아내야 합니다. 어떤 '습관'을 반복해 왔는지 알아내는 방법은 의외로 간단합니다. 지금 껏 내가 손에 쥐었던 결과를 기록하면 그 수수께끼의 답을 바로 알 수 있습니다.

대개는 '늘 이런 식'으로 끝나는 정형화된 상황이 있지 않나요? 언제나 남과 싸우기만 한다거나 언제나 몹쓸 사람과 사랑에 빠진다거나 언제나 돈이 없다거나 그런 상황 말입니다. 그런 '언제나'가 무의식적인 습관에 의해 나타나는 현실입니다.

언제나 남과 싸우기만 하는 예를 한번 볼까요.

만약 당신이 그런 사람이라면 그렇게 될 만한 말버릇, 마음 버릇, 몸 버릇이 어딘가에 있을지 모릅니다. 하나 하나 살펴봅시다.

(1) 말버릇 = 남을 칭찬하는 일이 좀처럼 없다, 험담만 한다, 빈정대는 말투가 입에 배어 있다, 금세 남을 비난하기 일쑤다 … 등등.

(2) 마음 버릇 = 남을 믿지 못한다, 사람은 어차피 금
방 배신한다, 사람은 모두 자기 이익만 생각한다,
남에게 마음을 허락하면 안 된다, 나쁜 건 상대방
이다 … 등등.

(3) 몸 버릇 = 이런저런 소리를 듣지 않도록 늘 신경을
곤두세운다, 폐쇄적인 태도를 보인다, 언제나 경계
한다, 무뚝뚝한 태도를 보일 때가 많다 … 등등.

이런 버릇을 바꾸려 노력할 때 싸움으로 끝나는 결과
도 차츰 사라집니다. **습관은 무의식적으로 반복되기 일쑤이
므로 그만두려면 의식적으로 노력해야 합니다.**

그럴 때는 84쪽에서 설명하는 '완화-중지-수정-가
속'의 법칙을 이용하면 좋습니다. 무의식적으로 반복하
던 말버릇, 마음 버릇, 몸 버릇을 의식적으로 완화하고,
점점 빈도를 낮추어 중지하고, '되고 싶은 방향'으로 수
정하여 가속하는 법칙입니다.

남과 싸우고 싶지 않다면 싸우는 횟수를 의식적으로

줄이고, 의식적으로 남에게 감사하는 말버릇을 들이고, 되도록 남을 부정적으로 보지 않도록 마음 버릇을 고쳐 먹고 온화하게 '행동'할 수 있도록 주의를 기울입니다. 의식적으로 그렇게 하기만 해도 상황이 꽤 달라집니다.

나도 모르게 남과 싸우고 싶어지는 말버릇, 마음 버릇, 몸 버릇으로 살아왔으니 정말로 싸우고 싶지 않다면 지금까지의 '습관'을 뒤집는 새로운 '습관'이 몸에 밸 때까지 끈질기게 반복해 봅시다. 다만 단숨에 바꾸기는 어려우므로 처음에는 욕심내지 말고 사소한 것 하나만이라도 계속하는 것이 바람직합니다.

예를 들어 몸에 밴 버릇을 고치기 위해 '대화는 웃는 낯으로'를 새로운 '습관'으로 삼겠다고 마음먹었다고 칩시다. 우선은 그 습관을 일주일 계속해 보고, 그게 되면 3주, 한 달, 석 달, 1년이라는 식으로 늘려 가면 됩니다. 그것이 '완화-중지-수정-가속의 법칙'에서 가속의 의미입니다. 의식하지 않고도 가능해졌다면 무의식적인 습관으로서 정착된 증거입니다.

또 새로운 습관은 지금 있는 습관에 붙여서 하면 지속하기 쉽습니다. 이를테면 양치질이 끝나면 꼭 거울을 보고 웃는 표정을 지어본다거나 사원 카드를 대고 사무실에 들어서면 꼭 미소를 짓는다거나 하는 식으로 말입니다. **평소 무의식중에 하는 습관에 적극적으로 새로운 습관을 붙여 세트로 만들면 더 쉽게 무의식화할 수 있습니다.**

 매일 아침 빠짐없이 하는 습관(커피 마시기, 신문 읽기, 일기 예보 확인하기 등)이 있으면 그 전후에 새롭게 시작하고 싶은 습관을 하나만 붙여 보자.

현재의 한심한 나를
먼저 인정해라

'지금'을 바꾸고 싶다는 생각이 들 때는 보통 두 가지 동기가 있습니다.

⑴ '지금'이 글러 먹었기 때문에 바꾸고 싶다
⑵ '지금'을 더 좋게 만들고 싶다

어느 쪽이나 다 '지금'을 바꾸는 에너지가 되지만, 어느 쪽이 더 수월한가 묻는다면 압도적으로 두 번째, '지금'을 더 좋게 만들고 싶다는 동기가 에너지가 될 때 수

월합니다.

풍수에서 쓰는 표현을 빌리자면 첫 번째 에너지는 '살기', 두 번째 에너지는 '생기'라고 합니다. '지금'이 글렀기 때문에 바꾸고 싶다는 '살기'를 에너지로 삼으면 줄곧 글러 먹은 것을 찾아다니게 됩니다.

'지금' 이대로는 글렀다 → 좀 더 노력해 본다 → 바뀌었다 하더라도 아직 부족한 것 같다 → 좀 더 노력한다.

이런 식으로 '지금'을 계속 부정하므로 훨씬 힘들고 쉽게 만족하지 못합니다. 결국 언제까지고 마음은 채워지지 않고 '한심한 지금'을 바꾸지 못합니다.

한편 '지금'도 좋지만 좀 더 나은 '지금'을 만들고 싶은 '생기'를 에너지로 삼으면 "좋았어. 좀 더 나아질 거야." 하는 긍정적인 마음으로 나아갈 수 있으므로 좋은 변화가 일어나기 쉽습니다. 어느 쪽이 옳으냐 그르냐가 아니라 나누어 쓸 필요가 있습니다.

'글러 먹었으니까 바꾸고 싶다'는 살기 에너지는 금세 결과를 내고 싶을 때 씁니다. 비유하자면 단거리 달리기에 해당합니다. 순간적으로 큰 힘이 나오므로 승부를 걸어 '승리'를 노릴 때는 효과적이지만 지속성은 없습니다.

한편 '지금도 좋지만, 더 나아지면 좋겠다'는 생기 에너지는 계속 유지하기가 편하므로 일을 지속하고 싶을 때 사용합니다. 이쪽은 장거리 달리기라고 할 수 있습니다.

비행기 운행 과정에 비유하면 이륙 에너지가 살기, 비행 중의 에너지가 생기입니다. 그러므로 '지금'을 순간적으로 바꾸고 싶다면 살기 에너지를 쓰면 되고 '지금'을 바꾸어 좀 더 좋은 상태를 줄곧 유지하고 싶다면 생기 에너지를 쓰면 됩니다.

만약 '지금'이 한심해서 시작했다 하더라도 도중에 '지금' 이대로도 괜찮다 싶으면 생기 에너지로 갈아탐으로써 꾸준히 좋은 상태를 유지할 수 있습니다. 요령은 지금의 자신을 받아들이는 것. '지금'의 한심함이 출발점이더라도 조금씩 변화가 나타난다면 '아직 부족하지만 그런 나도 나야.'라고 인정하면 됩니다. 한심하지만 쓸모없는 사람은 아니라고, 그렇게 자신을 인정할 수 있으면 그 시점에서 살기 에너지가 생기 에너지로 바뀝니다(52쪽 그림).

덧붙여 일반적으로 많은 종교가 지금 이대로는 안 된다, 고쳐야 한다고 현재를 부정하는 요소를 포함하고 있습니다. 어리석음은 죄이고, 욕심을 부려서는 안 되고, 질투는 나를 더럽힌다고 가르칩니다. 종교에는 인간이 사회에서 단체 생활을 더 잘하도록 만들기 위한 사회적 규칙으로서의 역할이 있기 때문입니다.

하지만 제 스승인 구카이(진언종 창시자, 법명: 홍법대사)는 탐욕을 부정하지 않았습니다. 욕심을 부려도 될 뿐 아니라 어리석어도 괜찮다, 질투해도 괜찮다, 허영을 부려도 괜찮다고 말합니다. **애초에 "내가 어리석으니 어쩔 수 없지."에서 출발해서 "내 욕심이나 어리석음과 어떻게 사이좋게 지낼 것인가?"라는 방향으로 나아갑니다.**

욕심투성이에 미숙하고 모자란 '지금'의 나를 인정하고 거기서 출발하므로 매우 현실적인 사고방식이라고 할 수 있습니다. 많은 사람이 구카이를 존경하고, 지금도 그의 발자취를 좇아 순례길에 오르는 것은 욕심을 비롯해 사람의 마음을 있는 그대로 인정하는 사상이 마음에 와 닿았기 때문일 것입니다.

나보다 잘난 사람을
받아들이는 연습을 해라

있는 그대로를 인정하므로 남을 질투하거나 원망하는 마음이 생겨도 부정하지 않습니다. **부러움이 싹트면 오히려 행운이라고 생각하면 그만입니다. 부럽다고 느낀 것이 자신이 가장 바라는 것이니까요.** 부러움이 싹텄다면 자신이 무엇을 바라는지 아는 계기가 되니까요.

자신이 무엇을 원하는지 알면 어디로 가야 하는지 방향성을 알 수 있으므로 원하는 것을 얻을 확률도 높아집니다. 무엇을 원하는지 모르는 채 우왕좌왕할 때보다 훨씬 운이 좋아집니다.

단 부러워하는 감정 뒤에 무엇이 따라붙느냐가 문제입니다. "부러워!"의 뒤에 "좋겠다!"라는 감정이 붙으면 "그렇군. 그걸 좋다고 생각하고 있었구나."라고 자신이 원하는 것을 알 수 있습니다. 이제 그쪽을 향해 나아갈 일만 남았지요.

하지만 "부러워!" 뒤에 "어쩜 이렇게 다른지. 난 정말 한심해.", "틀림없이 부정한 방법을 썼겠지.", "어째서 쟤만 잘 풀리지? 금수저인가 봐."라며 체념하고 단정 짓고 삐치는 감정이 들어서면 마음에 빈틈이 생깁니다. 빈집이 도둑을 불러들이듯 마음속에 생긴 빈틈은 불운을 불러들입니다. 행운이 다가오기는커녕 운은 더 나빠질 수밖에 없어 점점 스스로도 납득할 수 없는 '지금'이 만들어지고 맙니다.

이런 사태를 피하려면 우선은 자신의 감정을 인정해야 합니다. 일어난 일을 있는 그대로 받아들입니다. 부러움 뒤로 자신이 한심하다거나 남이 치사하다거나 아무래도 용납할 수 없다거나 하는 감정이 치솟더라도 "그

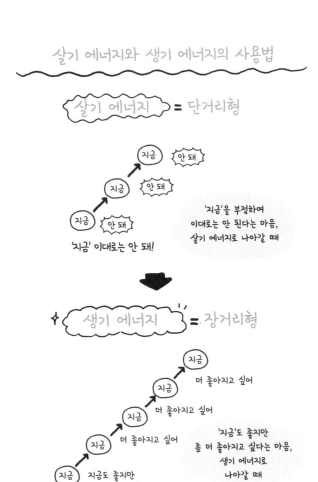

순간적으로는 살기 에너지로 출발하여
생기 에너지로 전환하면 오래 지속된다.

런 감정을 품는 것은 금물!"이라며 부정하지 않습니다.

감정에는 좋은 감정도 나쁜 감정도 없습니다. 선도 악도 없고 단지 그렇게 느낄 뿐. 치솟는 감정을 "흠, 그렇군.", "아, 그런 거였구나." 하고 받아들이기만 하면 됩니다. "이건 나쁜 감정이야."라고 억누를수록 자연스러운 감정은 덧나고 맙니다.

감정은 사고방식의 '습관'입니다. 잘나가는 사람을 보며 늘 체념하거나 멋대로 단정하거나 비딱한 감정이 치솟는 것은 인지상정입니다. 누구나 느낄 수 있는 자연스러운 감정을 '나쁜 것'으로 억누르기보다 어째서 그런 '습관'이 배었는지 근본적인 원인을 찾는 것이 바람직합니다.

"왜 그렇게 느끼게 되었을까?"라는 질문을 자신에게 던져 보는 겁니다. 그리고 **체념하거나 단정하거나 토라지는 습관이 폭주하지 않게끔 "아, 내가 이렇게 느끼고 있구나." 담담하게 받아들이는 연습을 반복해 보세요.** 그리고 냉정하게 생각해 봅시다.

"난 안 돼, 라고 체념했지만 정말로 안 되는 걸까."
(체념).

"그 사람을 치사하다고 생각했지만 그게 사실일까."
(단정).

"어차피 나 따윈 개처럼 좋은 사람은 못 만날 거 같지
만 정말 그럴까."(토라짐).

담담히 받아들이는 연습을 반복하다 보면 담담히 받
아들이는 것이 '습관'이 되므로 설령 체념하거나 단정하
거나 토라지는 감정이 생기더라도 폭주로 치닫지 않게
됩니다.

 질투하는 감정이 치솟으면 기다렸다는 듯 환영한다. 질투
는 반성하지 않아도 된다. '내가 지금 그렇게 느끼고 있구
나.' 하고 담담히 받아들여 보자.

'괜찮습니다' 대신에
'고맙습니다'라고 해라

어렸을 때부터 '사양은 미덕'이라고 배워서 일까요. 툭하면 사양하는 사람이 많습니다. 하지만 더 좋은 운을 손에 넣고 싶다면 그런 '습관'은 지금 당장 버리세요. 왜냐! 사양은 '운'을 나쁘게 만들기 때문입니다. 충격적인 말인가요? 지금부터 설명을 해보죠.

양보란 원하는 게 있는데도 필요 없다고 거짓말을 하는 겁니다.

"이거 드릴게요."

↓

"예? 아이고, 괜찮습니다.

저 같은 사람이 어떻게 이걸 받을 수 있겠어요."

↓

"예? 필요 없으신가요?"

↓

"…(아니, 그게 아니라, 있으면 물론 좋겠죠)."

이런 식으로 타인에게도 자신에게도 거짓말을 하면 원하는 것을 얻기는커녕 원하는 것이 무엇인지도 알 수 없어져 버립니다. 특히 '입'은 거짓말쟁이입니다. 사실은 이게 가지고 싶으면서(=생각), 입으로는 갖고 싶지 않다고 말하고(=입), 그런 식의 태도를 보인다면(=행동) 원하는 것을 손에 넣을 수 있을까요. 원하는 것을 손에 넣지 못하니 결국 '운'이 나빠지는 겁니다.

사실은 원하면서 언제나 '필요 없다' 말하고, 정작 필요 없는 '욕심 없는 태도'를 보이면 정말로 자신이 무엇을 원하는지 알 수 없어집니다. '사실은 하고 싶은 일', '사실은 가지고 싶은 것'에 늘 뚜껑을 덮고 살아왔기 때문에 자기 본심을 자기도 모릅니다. 그래서는 영원히 원하는 것을 손에 넣지 못합니다.

속내를 드러내지 않는 고상함이야 칭찬할 만합니다. 늘 겸허하게 양보하는 사람은 무의식중에 남의 기분을 배려하고 그 사람을 우선시하는 다정한 사람이기도 합니다. 겸손한 태도는 그만큼 상대방을 존경한다는 뜻이겠지요. 하지만 그것도 지나치면 점점 힘들어지고, 불만과 스트레스의 원인이 됩니다. 지나치다 싶을 정도로 참다가 더는 남들에게 친절하게 대할 수 없게 되면 저는 휴식을 합니다.

남을 존중하면서 동시에 자신을 존중해도 됩니다. **툭하면 양보하고 사양하고 겸허해지는 사람은 지금 바로 그런 습관을 내던질 수 있게 의식적으로 마음을 다잡아 보세요.** 처음에는 다소 용기가 필요하지만 '제대로 거절하기', '제대로 요구하기', '제대로 말하기'를 염두에 두다 보면 조금씩 사양하는 버릇이 느슨해집니다.

그렇게 계속하다 보면 자신이 원하는 것, 자신의 본심을 알 수 있습니다. 남은 것은 지속적으로 그 방향으로 말버릇, 마음 버릇, 몸 버릇을 일치시키는 것뿐입니다.

괜찮습니다. 남이 무언가를 준다고 했을 때 원하는 것이라면 받아도 됩니다. 가지고 싶은 게 있으면 가지고 싶다고 말해도 됩니다. 물론 갖고 싶은 걸 상대가 늘 줄지는 알 수 없지만요. **기쁘게 받고 "고맙습니다!"라고, 고마움을 제대로 전달할 줄 아는 사람이 됩시다.**

그런 사람 곁에 '운'도, 위로와 격려도, 선물도 모여듭니다. 덧붙여 잘 받는 사람이 잘 주는 사람이 될 수 있습니다. 그런 사람을 남들이 좋아하지 않을 리 없겠지요. 그렇게 좋은 기운이 순환하며 점점 운이 좋아지게 됩니다.

상대방이 "이거 드릴게요.", "~해 드리겠습니다." 하는데도 거절하는 것은 겸허함이 아니라 오만함이 아닌지 생각해 보자.

누군가가 "이거 드릴게요.", "~해 드리겠습니다."라고 하면 바로 고맙다는 말과 함께 미소 지으며 받아들이는 습관을 들이자.

특히 잊지 말아야 할 것이 칭찬을 받았을 때, "아유, 아닙니다."라거나 "당치 않은 말씀이십니다."가 아니라 "고맙습니다!"라는 말로 받아들이자.

집 한 채를 통째로 버리면
인생이 극적으로 바뀐다

무의식적인 습관을 고치기 위해 말버릇, 마음 버릇, 몸 버릇을 바꾸는 방법 외에 환경에 변화를 줌으로써 무의식적인 습관을 고치는 방법도 있습니다. 환경을 바꾼다고 해서 인생이 바뀔 리 없다고 생각하는 사람도 물론 있을 것입니다. 하지만 **무의식적인 습관 형성에 환경이 큰 영향을 미쳤다면 환경을 바꾸기만 해도 '지금'의 상황이 극적으로 바뀔 수 있습니다.**

제가 바로 그랬습니다. 인생을 바꾸고 싶다는 마음으로 큰스님을 찾아가 공부를 시작했던 18년쯤 전, 큰스님께 제가 사는 집을 보여드린 적이 있습니다. 제가 나고 자란 그 집은 입지 조건이 나쁠래야 더 나쁠 수 없는 곳에 지어졌습니다. 습기가 고이는 낮고 막다른 토지, 대지에는 구멍이 숭숭 뚫려 있고, 집 구조는 엉망진창. 있던 복도 달아날 그런 집이었습니다. 큰스님은 도면만 보고도 나쁜 기운이 감도는 집이라고 하셨습니다.

큰스님은 바로 이사를 하는 편이 좋다고 말씀하셨지만, 부모님이 어렵게 장만한 집을 그렇게 간단히 떠날 수는 없었습니다. 이러지도 저러지도 못하는 사이 그 집에서 아버지가 돌아가시자 정말로 이대로는 안 되겠다 싶어 마음을 다잡고 다른 곳에 새집을 지었습니다.

새집은 집터는 물론 집의 구조, 가구에 이르기까지 모두 풍수를 고려해 골라 꼼꼼하게 지은 이상적인 집이었습니다. 먼저 살던 집에 있던 것은 모두 처분해 버렸습니다. 말하자면 집 한 채를 통째로 버린 셈입니다.

큰스님은 어머니 병환도 나아질 것이라고 말씀하셨지만 솔직히 제가 기대했던 극적인 변화는 일어나지 않았습니다. 그래도 자리가 사람을 바꾼다는 말은 정말이었습니다. 일단 인연을 맺게 되는 사람들이 예전과 확실히 달라졌습니다. 제 주변에 함께 성장하는 것을 기쁨으로 삼는 행복한 사람이 늘어났습니다.

어머니의 류머티즘도 병 자체는 그다지 변화가 없었지만 어머니의 마음이 긍정적인 방향으로 바뀌었습니다. "수술해서 걸을 수 있도록 해봐야겠어." 어머니의 마음 버릇이 행동 버릇을 바꾸었고 결과적으로 혼자서 걷고 차까지 운전할 수 있게 되었으니 제 바람이 이루어진 셈입니다.

저도 집 한 채를 통째로 버렸더니 배짱이 두둑해진 느낌이었습니다. 만약 집을 바꾸지 않았다면 일을 하면서 10년에 걸쳐 아사리(제자를 가르치고 지도할 수 있는 승려)의 자격을 얻지 못했을 것이고 안정적인 직업을 그만두고 독립할 용기도 얻지 못했겠죠. 무엇보다 어쩔 도리가 없다고 멋대로 단정했던 과거의 흐름과 결별하지 못했을 것입니다.

환경을 바꾸었다 하더라도 무의식적인 습관을 바꾸지 않으면 인생은 바뀌지 않습니다. 제가 환경을 탓하며 자책만 하고 있었다면 인생을 근본적으로 이해하지 못했을 테니 이만큼 극적으로 자신을 바꾸지도 못했을 것입니다.

무엇을 위해 환경을 바꾸는가. 나는 어디를 향하고 어떻게 되고 싶은가. 무의식적인 생각(=마음 버릇), 무의식적인 말(=말버릇), 무의식적인 행동(=몸 버릇)을 가다듬으면서 환경을 정돈하는 것이 바람직합니다.

지금 당장 쓰지 않는 물건은
갖다 버려라

물건이 넘쳐나는 환경을 그대로 내버려 두면 '지금'을 바꿀 수 없습니다. 물건이 어수선하게 넘쳐나는 곳에 있어야 오히려 마음이 편하다, 차분해진다는 사람일지라도 앞서 이야기했듯이 무의식중에 눈으로 날아드는 불필요한 정보가 1000만 비트나 되므로 크든 작든 사고에 혼란이 생깁니다. 스스로는 깨닫지 못하더라도 그 영향을 받고 있습니다. 물건이 넘쳐나는 상태는 어느새 거기 사는 사람에게 스트레스를 안기고 '운'에 영향을 미칩니다.

제가 아는 사람 중에 시한부 선고를 받은 사람이 있습니다. 그 사람은 제 이야기를 듣더니 밑져야 본전이라며 집안 정리정돈에 나섰습니다. 그랬더니 병이 나았다고 합니다. 정리정돈과 병 사이에 직접적인 관계는 없겠지만 적어도 그 사람에게는 정리정돈이 인생을 바꾸는 계기가 되었습니다. 지금도 물론 건강한 몸으로 하루하루를 즐겁게 보내고 있습니다.

　또 강연 수강생 한 사람은 아예 작정하고 거실, 현관, 주방, 아이 방 등 집안 구석구석에 흩어져 있는 불필요한 물건을 정리했더니 아이의 공부 의욕이 높아져서 좋은 학교에 무사히 합격했다고 합니다.

　어수선한 환경보다 깔끔하게 정돈된 환경이 사람에게 좋은 영향을 준다는 것은 아무래도 확실해 보입니다. 단 예외적으로 예술가들처럼 혼잡함을 에너지로 바꾸는 유형의 분들도 분명히 있습니다.

　무의식적인 습관을 고치려면 물건을 정리해서 정돈된 환경을 마련하는 것도 한 가지 방법입니다. 우선은 많은 물건을 줄이는 것이 좋습니다. 그러면 어떻게 물건을 버릴 것인가. 쓸 만한 물건인가, 그렇지 않은 물건인가로 고르면 사실 대부분이 쓸 만한 물건이 되어 버립니다.

그러므로 선별의 기준은 '지금 나에게 필요한가 필요하지 않은가'가 좋습니다. 물건을 손에 들고 '지금 이게 내게 필요한가? 필요하지 않은가?'라는 기준에 맞춰 생각해 보세요.

물건이 늘기만 하는 사람을 보면 대개 언젠가는 쓰겠지 하며 차곡차곡 쌓아 놓곤 합니다. 하지만 '언젠가 쓸 물건'은 거의 안 쓰기 마련이고, 막상 쓰려고 하면 다른 것을 더 사야 하는 법입니다. 물건도 그 역할을 다하면 휴식을 주는 것이 좋습니다.

'이건 전혀 쓰질 않았으니 아직 제 역할을 끝내지 못한 게 아닐까.' 하는 생각이 들 수도 있습니다. 하지만 지금껏 경험으로 자신이 그 물건을 쓰지 않는다는 것을 배웠으니 그 물건은 이미 훌륭하게 제 역할을 다했습니다. 그러니 고마운 마음으로 처분해도 됩니다.

쓰지 않더라도 가족의 추억이 담긴 물건, 좋아하는 물건 등 있는 것만으로 마음이 따뜻해지고 행복해진다면 그 물건은 그대로 두세요.

버리기는 아깝다며 물건을 소중히 하는 마음도 좋지요. 하지만 언젠가 한 번은 꼭 입을 일이 있을 것 같아 애지중지했던 명품 옷이나 가방을 떠올려 보세요. 비싸게 산 만큼 소중히 품어 왔지만, 너무 아끼다 보니 정작 쓰지도 못한 채 모셔두기만 하지 않았나요. 어느새 취향은 변하고, 구매 당시만 해도 유행했던 옷과 가방이지만 한물간 신세가 되고 세월의 흐름에 낡기도 했을 겁니다.

필요한 물건은 지금 쓴다. 지금 쓰지 않는 물건은 필요 없는 물건이다. 이렇게 기준을 '지금'에 맞추세요.

 '지금' 쓰지 않는 물건을 정기적으로 정리해서 공간을 깔끔하게 만들자. 단 정리정돈이 스트레스가 되지 않도록 속도를 조절한다.

2장

운을 내 편으로
만드는 습관

나는 내가 더 노력할수록
운이 더 좋아진다는 걸 발견했다.

- 토마스 제퍼슨

운이 좋다고 말해야
운이 들어온다

여러분은 '운'이라고 하면 어떤 생각이 떠오르나요?

'아무래도 내 미래에 좋은 일이라곤 일어날 것 같지 않아.'
'운은 정해져 있으니까 내가 할 수 있는 건 없어.'
라는 사고방식과

'내 미래야 당연히 밝지.'

'난 행운을 끌어당길 수 있어.'

라는 사고방식 중 어느 쪽이 운이 좋을 것 같나요?

운은 하늘이 내려준다거나 이미 다 정해져 있다고 생각하는 사람이 많은 것 같습니다. 그런 자세로는 운을 자기 쪽으로 끌어당기기 어렵습니다. '운'을 남에게, 하늘에게 맡겨놓은 셈이니 자기 힘으로는 어찌해 볼 수 없다고 이미 마음을 접어버렸으니까요.

예전에는 저도 운이라는 것에 영향을 끼칠 수 있다고는 전혀 생각하지 않았습니다. 의식조차 하지 않았지요. 하지만 무의식적인 습관을 바꾸면 인생을 바꿀 수 있다는 것을 깨닫고 자신의 운에 영향을 줄 수 있다는 사실을 알게 되었습니다.

가장 먼저 생각해야 할 점은 무의식적 습관이 '운'의 흐름을 만든다는 사실입니다. **'운'이라는 말을 들었을 때 무엇이 떠오르고 어떤 생각이 드는가, 이때에 떠오르는 그 무의식적인 습관이 그 사람의 운에 크게 작용합니다.**

만약 내 무의식적인 습관이 '운'을 부정적으로 보고 있다면 그 습관을 바꾸기 위해 어떻게 해야 할까요? 일단은 '운'에 대한 이미지부터 생각해 봅시다.

'운'이 좋은 사람 하면 머릿속에 어떤 사람이 그려지나요?

'운'이 좋은 사람이란 한마디로 충족된 사람, 행복을 느끼는 사람입니다.

'운'이 좋은 인생이란 많은 것에 고마움을 느끼는 인생입니다.

그리고 '운'이 좋은 사람은 수많은 바람을 이루며 삽니다.

말버릇, 마음 버릇, 몸 버릇으로
운의 방향을 바꿔라

'운'이 없다는 사람은 마음이 자신이 바라는 쪽으로 향해 있지 않고, 그것을 원한다고 말하지도 않으며 행동도 그 방향으로 향해 있지 않습니다.

원하는 것에 마음이 향해 있지 않으면 다른 것만 보입니다. 원한다고 말하지 않으면 원하는 것을 자기도 모르고, 원하는 것을 향해 나아가지 않으면 원하는 것에 다다르지 못합니다. 즉 '운'의 흐름은 '마음 버릇', '말버릇', '몸 버릇'의 '방향성'이라고 할 수 있습니다. 그러므로 '운'이 좋은 사람이 되고 싶다면 일단 자신이 바라는 쪽

생각과 말과 행동의 방향이 제각각이면
'자신'은 '원하는 것'으로 향해 있지 않다.

생각과 말과 행동의 방향성이 일치하면
원하는 것을 가장 빠르게 손에 넣을 수 있다.

= 운이 좋다

으로 마음을 두고(=원한다고 생각할 것), 그것을 말로 표현하고(=욕구를 내뱉을 것), 그 방향으로 나아가야(=행동할 것) 합니다.

여기부터가 중요합니다. '운'의 정체가 '말버릇', '마음버릇', '몸 버릇'의 '방향성'이라고 한다면 '방향성'을 스스로 바꿀 수 있다는 뜻입니다. '운'의 방향을 바꾸면 되는 것입니다.

"난 원한다고 제대로 말했을까?" ← '말'

"정말 이 방향이 맞을까?" ← '생각'

"그 방향으로 제대로 나아가고 있는 걸까?" ← '행동'

이렇게 늘 '말버릇', '마음 버릇', '몸 버릇'의 '방향성'을 확인하면서 원하는 것을 향해 갈 수 있도록 수정해가면 됩니다.

이를테면 '가족과 보내는 시간을 가장 소중히 하고 싶다'를 원한다고 합시다. 하지만 늘 "오늘도 바빠. 일이 안

끝났어."라는 말을 입에 달고 사는 사람의 경우에는 일의 우선순위가 가장 높으므로 아무리 시간이 지나도 원하는 결과를 얻지 못합니다. 그러므로 '말'과 '행동'을 수정해서 "오늘은 일 안 해!"라고 하던 일을 즉시 중단하고, 집으로 가세요. 평소 일에 지쳐 대화할 시간도 없었던 가족과 단란한 시간을 보내세요. 물론 한 번의 시도로 원하는 결과가 나오는 일은 드물지만, 그 행동이 쌓이고 쌓여 방향성을 만들어 갑니다.

나는 지금 어디에 있고 어디로 향하고 싶은가. 그리고 어느 방향으로 나아가고 있는가. '말버릇', '마음 버릇', '몸 버릇'을 늘 돌이켜보고 방향을 수정해 가면 원하는 결과에 다다를 수 있습니다. 그게 언제일지는 사람마다 다르지만, 말과 생각과 행동의 방향이 일치해서 일직선으로 나란히 있다면 얻고자 하는 결과로 이어지기 마련입니다.

운이 나쁘다는 생각이 들면
습관을 돌아봐라

거듭 말하거니와 '운'의 흐름은 '습관'의 방향성에 따라 정해지기 때문에 방향을 바꾸면 간단히 흐름을 바꿀 수 있습니다. 방향을 바꾸려면 먼저 내가 어디에 있고 어디로 향해 있으며 어디를 향해 나아가고 있는지 알아야 합니다. 자기가 있을 자리도 알지 못한 채 무작정 발을 내딛면 결국 길을 잃어버립니다. 지금의 나는 오랜 세월 '생각하고', '말하고', '행동한' 습관이 쌓이고 쌓인 결과라는 사실을 다시금 떠올리기 바랍니다. 쉬운 예로 다시 다이어트의 경우를 생각해 봅시다.

일 년 내내 다이어트를 한다고 선언하면서 좀처럼 살을 빼지 못하는 사람이 있습니다. 살을 빼고 싶다고 생각하면서도 맛있는 음식이 눈앞에 있으면

　'이걸 참느니 살이 찌는 게 낫지. 먹어버려야지.' 생각하면서(=마음 버릇) 음식을 먹고, "오늘만이야! 내일부턴 다시 다이어트!"라면서(=말버릇) 계속 먹기(=몸 버릇) 때문에 살을 빼지 못합니다.

　그런 습관이 계속된 결과 '살찐 나'라는 지금의 '결과'를 얻은 것입니다. 지금의 나의 모습은 바로 내 습관의 집대성이라는 사실을 잊지 마세요.

　만약 지금 운이 나쁘다는 생각이 든다면 지금까지 무의식중에 반복해온 습관을 파악하고 바꾸어 가는 것이 '운'을 바꾸는 중요 포인트입니다. 다시 말해서 **자기가 지금 손에 쥔 결과를 역산해서 그것을 만든 습관을 찾아 바꾸는 것이 '운'의 방향성을 바꾸는 중요 포인트입니다.** 그렇다고

해도 무의식중에 만들어진 것이 습관이므로 스스로는 좀처럼 알기 어려울 수도 있습니다. 그때는 가족이나 친한 친구에게 자신의 평소 말버릇, 사고 패턴, 습관적인 행동을 가르쳐 달라고 물어보면 좋습니다.

Action Plan

평소의 말버릇, 평소의 사고 패턴, 평소의 행동 패턴을 노트나 수첩에 적어 보자. 적다 보면 문제점과 생각을 가시화할 수 있으므로 중요!

나쁜 습관을 바꾸는
'완화–중지–수정–가속'의 법칙

자, 무의식적인 '말버릇', '마음 버릇', '몸 버릇'을 파악했다면 이제 어떻게 해야 할까. 지금부터가 본론입니다.

지금까지의 습관이 내가 바라는 결과로 이어졌다면, 즉 지금의 내게 만족한다면 그대로 나아가도 됩니다. 원하는 결과를 얻을 수 있는 '운' 좋은 사람이 될 수 있습니다. 하지만 대부분은 원하는 결과를 얻지 못해서 고민하고 있지 않을까요. 그 원인은 습관이 다른 방향으로 향하고 있기 때문입니다.

'부자'가 되고 싶은데 쓸데없이 낭비만 하고 계획적으로 저금도 하지 않는 나날을 보내고 있다면 그 '몸 버릇'을 바꿔야 합니다. 부자가 되고 말겠다고 입으로는 말하면서 마음속으로는 '안 될 거야'라고 생각한다면 그 '마음 버릇'을 바꿔야 합니다. 돈을 모아 집을 장만하겠다면서 수시로 가게에 들러 뭐라도 하나 사야 직성이 풀린다면 좀처럼 돈을 모으지 못할 겁니다.

습관을 바꾸기란 입으로 말하는 만큼 간단하지 않습니다. 습관이란 어떤 행위를 무의식 상태가 될 때까지 반복한 결과, 뿌리를 내린 것입니다. "오늘부터 살을 빼겠어!"라고 선언하거나, 꾸역꾸역 사과만 먹는 다이어트를 시작해 봐도 그것이 무의식적인 습관으로 정착되지 않는 한 살을 빼기는 어렵습니다.

그래서 조금 궁리를 해야 합니다.

습관을 바꾸려면 다음 네 단계를 밟아 봅시다.

① 일단 줄곧 계속되는 습관의 횟수를 줄임으로써 늦춘다.

② 어느 정도까지 늦춰지면 멈춘다.

③ 원하는 결과를 향해 방향을 바꾼다.

④ 그 방향으로 움직임의 속도를 높인다.

즉 **늦추다가(완화) 멈추고(중지) 방향을 틀어(수정) 속도를 높임(가속)으로써 습관을 바꾸어 가는 겁니다.** 이것을 완화-중지-수정-가속의 법칙이라고 하겠습니다.

예를 들어 '연중 다이어트 선언'을 하면서 간식 습관을 좀처럼 버리지 못한다면

① 간식 먹는 횟수를 줄인다.

② 간식을 끊는다(①을 거쳤기에 끊기가 조금은 편해졌다).

③ '살이 빠진 나'를 머릿속에 그린다.

④ 새로운 식생활로 갈아타서 그것을 반복해 간다.

이렇게 네 단계를 밟는 동안 살을 빼기 위한 행동이

완화
중지
수정
가속

속도를 늦춘다

멈춘다

방향을 바꾼다

속도를 높인다

이대로 가도 원하는 것을 얻을 수 없을 때는
습관의 속도를 늦추었다 멈추고 방향을 틀어 속도를 높인다.

몸에 배면서 이윽고 습관이 됩니다. 다이어트를 예로 들었지만, 이것은 모든 것을 습관화하는 데 유용합니다.

"지금까지는 이랬다."

"지금까지는 이렇게 해 왔다."

라는 과거의 '습관'에 마침표를 찍고, 새로운 습관으로 갈아 치우는 것입니다.

만약 좀처럼 상황이 바뀌지 않는다면 단계를 밟는 순

서가 잘못되었거나 새로운 것을 아직 충분히 실천하지 않아서 습관으로 뿌리내리지 않았기 때문입니다. 그러니 습관이 될 때까지 계속하세요.

'운'의 흐름을 바꾸고 싶다면 '완화-중지-수정-가속'의 법칙으로 습관을 바꾸어 본다. 이것을 꼭 염두에 두세요.

Action Plan

정리정돈도, 습관의 변환도 욕심을 부리지 않는 것이 요령. 일단은 가장 쉬워 보이는 일로 '완화-중지-수정-가속'의 법칙을 시도해 보자. 예를 들어 사용한 물건을 그 자리에 계속 내버려 두는 습관이 있다면 거기에 의식적으로 주의를 기울여 바로 정리해 본다 (습관의 완화).

사소한 습관이 지속되면
자신감이 생긴다

불가에서는 부처님의 가르침을 실천하고
불도를 닦는 일, 곧 '행(行)'을 철저하게 반복하여 이질
적인 행동을 습관화합니다. 정신이 아득해질 만큼 몇백
번, 몇천 번, 혹은 몇만 번씩 같은 일을 되풀이하여 새로
운 '말버릇', '마음 버릇', '몸 버릇'을 만듦으로써 자기 안
에 있는 무의식적인 습관을 고쳐 새롭게 합니다. 그렇게
세계관도 바뀌어 갑니다.

저는 매일 한 시간, 반드시 부처님 앞에 자세를 가지

런히 하고 독경을 합니다. 아무리 몸이 안 좋아도, 귀가가 늦었거나 숙취가 있어도, 독감에 걸리건 여행을 갔건 1년 365일, 독경을 거르는 날은 없습니다. 그저 불경을 외우거나 읽는 것이 아니라 매번 제를 올릴 음식과 물을 갈아야 하니 준비에 제법 품이 듭니다. 애써 준비를 마치고 불경을 외워볼까 싶으면 잠시 한눈판 사이에 아이들이 뒤죽박죽으로 만들어 버릴 때도 있습니다. "얘들아, 잠깐만!" 하고 아이들 뒤를 쫓아다니며 원래 모습을 찾기까지 그렇게 또 한 시간에 걸쳐 준비를 마칩니다. 그런 가운데 매일같이 담담하게 독경을 반복할 수 있는가 없는가, 이것도 수행입니다.

매일 독경을 거르지 않고 계속하는 이유는 사소한 행동 습관을 반복하는 데 큰 의미가 있기 때문입니다. 어떤 의미일까요. 자신이 정한 일을 의도한 대로 계속할 수 있다는 자신감(자신에 대한 신뢰)이 생긴다는 뜻입니다. 내가 정한 약속을 스스로 지킬 수 있다는 자신감. 자기 자신에게 강한 영향력을 가지고 있다는 자신감. 이것이 있으면 '운'도 반드시 강해집니다. '운'은 '습관'이 만들므로 일정한 행동을 계속해서 '습관화'할 수 있다는 자신이 있으면 어떤 '습관'도 만들 수 있기 때문입니다.

경영자들의 이야기를 들어보면 실적이 좋은 회사에서는 매일 아침 빠짐없이 회사나 그 주변을 청소한다고 합니다. 여기에는 일단 청결을 지킴으로써 환경을 정화하여 심신을 가다듬는다는 풍수적 의미도 있습니다. 또 하나의 의미를 찾자면 사소한 습관을 반복함으로써 회사 활동에 대한 자부심과 자신감을 만드는 것을 들 수 있습니다.

당연하게 하는 일이더라도 어떤 일을 계속한다는 경험을 통해 기분이 좋아지고, 마음이 차분해지며, 평상심이 유지됨으로써 좋은 운도 끌어당길 수 있습니다. 그러니 여러분도 무언가를 의식적으로 지속하는 버릇을 들이길 바랍니다. 이를테면 매일 화장실 청소를 한다거나 현관에서 신발을 가지런히 벗는다거나 직장에서는 먼저 인사를 한다거나 하는 그런 사소한 일이라도 좋습니다.

사소한 일일망정 계속함으로써 자기가 정한 약속을 지킬 수 있는 자신감이 붙고, 그 자신감이 '습관'을 만들어 '운'을 불러들입니다. '운'이 나쁘다고 생각하는 사람은 자기가 버릇삼아 계속하겠다고 정한 일을 계속하지 못할 때가 많습니다.

아무튼 움직여 보세요. '마음'은 '행동'과 일치하지 않으면 아무 소용없습니다. 속는 셈 치고 일단 사소한 행동을 계속함으로써 습관화하는 것부터 시작해 보세요. 처음에는 일주일, 그게 되면 한 달, 그다음은 석 달. 그렇게 해서 반년 동안 계속되었다면 대개는 무의식적인 '습관'으로 정착됩니다.

그리고 희한하게도 좋은 습관을 계속하는 동안 그 주변에 있는 무언가가 의도치 않았는데도 바뀌어 갑니다. 근원에 있는 무의식적인 '습관'이 바뀌기 때문에 파급효과가 크게 나타나는 겁니다. 이 기적은 경험한 사람이 아니면 알 수 없으므로 꼭 실천에 옮겨 보세요.

사소한 습관(화장실 청소, 신발 가지런히 벗기, 인사하기 등)을 하나만 정해서 석 달에서 반년을 목표로 매일 반복해 보자. 일을 벌이기보다 추리는 편이 계속하기 쉬우므로 하나로 충분하다.

운의 파도에 몸을 맡기고
흐름을 따른다

삐딱한 청춘 시절, '왜 나한테만 나쁜 일이 일어나는 걸까?'란 생각에 사로잡혀 있었습니다. 확실히 불행이 잇따랐지만, 지금 돌이켜보니 그래도 즐거운 일, 기쁜 일이 많이 있었습니다. 하지만 그런 일은 전혀 돌아볼 생각도 하지 못하고, 나쁜 일에만 집중해서 '지긋지긋해. 더 나빠지면 어쩌지.' 하며 늘 불안에 떨었습니다.

다행히도 무의식적인 습관의 힘을 알게 되면서 더 이상 겁먹거나 떨지 않게 되었습니다. 세상에는 계속 올라가기만 하는 것도 없고 계속 내려가기만 하는 것도 없습니다. 날씨가 바뀌듯, 혹은 몸 상태가 좋다가도 나빠지고, 나쁘다가도 좋아지듯, **'운'이나 인생도 좋을 때가 있으면 나쁘게 느껴지는 때도 있습니다. 문제는 '그것을 받아들일 수 있느냐 없느냐'입니다.**

사람은 대개 싫은 일은 자기에게 일어나지 않기를 바랍니다. 되도록 좋은 일만 일어나길 바라죠. 그리고 운이 좋은 사람이란 '좋은 일만 일어나는 사람'이라고 생각합니다. 하지만 결론부터 말하자면 그렇지 않습니다. '운'이 좋은 사람에게도 나쁜 일은 일어납니다. 하지만 '운'이 좋은 사람은 나쁜 일을 호들갑스럽게 받아들이지 않습니다. '이 정도야 어쩔 수 없지, 뭐.' 하고 받아들입니다. 요컨대 마음에 담아두지 않습니다. 유도로 비유하자면 낙법을 제대로 할 줄 아는 상태입니다. 패배도 받아들이므로 넘어지는 법도 잘 알고 있습니다. 그래서 넘어져도 괜찮습니다.

'손해를 받아들일 수 있는 그릇의 크기'가 다르다고 할까요. '운'이 좋은 사람은 그 그릇의 크기가 터무니없

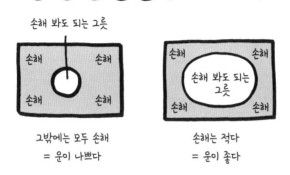

'손해 봐도 되는 그릇'의 크기는 어느 정도?

손해 봐도 되는 그릇

손해　　　　손해

손해　　　　손해

그밖에는 모두 손해
= 운이 나쁘다

손해　　　　손해

손해 봐도 되는
그릇

손해　　　　손해

손해는 적다
= 운이 좋다

이 큽니다. 어떤 나쁜 일이 일어나도, '하긴, 이런 일도 있는 법이지.', '병에다 부상까지, 큰일이네. 그래도 목숨을 건졌으니 괜찮아. 앞으로 어떻게든 되겠지.', '1억을 손해 봤잖아. 하지만 나중에 3억을 벌면 이익이 2억이나 남아.'라고 생각할 수 있는 사람. 낙법을 제대로 익힌 것입니다.

곧잘 자기가 '운'이 나쁘다고 생각하는 사람은 아무래도 그 그릇이 작아 보입니다. 일일이 끙끙 앓으며 신경을 쓰고 맙니다. '아, 몸무게가 1kg이나 쪘어. 야단났다. 어쩌지!', '어제 그런 말을 하는 게 아니었는데. 그 사람이 싫어할지도 몰라. 이제 어쩜담.', '차만 안 놓쳤어도 안 늦는 건데. 암튼 되는 일이 없어.'

사람은 손해를 봤다고 느낄 만한 예상 밖의 일이 일어났을 때 '운'이 나쁘다고 생각합니다. '운'이 나쁜 사람은 '손해 봐도 되는 그릇'의 크기가 작아서 대부분의 일이 예상치 못한 손해가 됩니다. 그래서 온통 운 나쁜 일투성이라고 생각해 버립니다. 매번 끙끙 앓고, 그것이 마음과 행동에 다시 영향을 줍니다.

하지만 세상일이란 것이 예상한 범위 안에서 일어나는 일은 거의 없습니다. 기본적으로 모든 일이 뜻대로 되지 않는다고 생각하는 편이 나을지도 모릅니다. 세상이 나 좋을 대로 굴러가지는 않으니까요. 뜻대로 일이 풀리는 운수 좋은 날을 만나는 건 어쩌다 몇 번이 고작입니다.

'손해 봐도 되는 그릇'이 크면 클수록 '운'이 나쁘다고 느끼는 일이 적어집니다. 즉 '운'이 좋다고 생각할 수 있게 됩니다. 스스로 '손해 봐도 되는 그릇'이 작다고 느낀다면 이렇게 자신을 타일러보세요. "손해 봐도 괜찮아. 손해 좀 본다고 운이 나쁜 건 아냐. 오히려 손해를 보면 운은 좋아져."라고. 끈질기게 그렇게 타이르세요. 요컨대 '습관'화하는 겁니다. 그렇게 하면 '손해 봐도 되는 그릇(운의 그릇)'이 조금씩 커집니다. 반대로 '절대로 손해 보고 싶지 않다'고 생각하다 보면 '손해 봐도 되는 그릇'이 작아지므로 주의하세요.

또 하나, 덧붙여 말씀드리겠습니다. '운'에는 파도가 있습니다. 파도가 높아지는 것 같으면 새로운 일을 시작해서 나뭇가지를 무성하게 하고, 낮아지는 것 같으면 상황을 다시 살펴보면서 나무뿌리를 튼실히 하는 데 의식을 집중하세요.

참고로 '운'의 파도는 하강의 폭이 클수록 다음에 올 상승의 폭도 커집니다. "계곡이 깊으면 산이 높다."라는 말이 있듯이요. 더 높은 곳을 가고자 한다면 깊은 계곡을 두려워해서는 안 됩니다. 작은 손해에 벌벌 떨고 꿍

끙 앓아서는 안 됩니다. 어느 정도의 손해는 환영할 수 있어야 두 팔 가득 이득을 맞아들일 수 있습니다.

이 세상은 모두 '파도'로 이루어져 있습니다. '음양', '상하', '장단'…. 하나같이 상반되는 것이 짝을 이루고 있지요. **삼라만상이 오르락내리락하는 파도와 같이 물결치는 세상이므로 파도를 거스르지 마세요. 파도가 높아지든 낮아지든 허둥지둥하지 말고 물결치는 대로 몸을 맡기고 그 흐름을 따라가세요.**

행복의 색안경을 끼면
불행도 행운이 된다

예전의 저는 줄곧 자신이 불운하다고 생각했습니다. 그것이 제 머릿속 이미지였고, 제 '마음 버릇'이었습니다. 그래서 무슨 일이 일어나면 금세 '불운'의 이미지를 덮어씌워 버렸지요. '불운'이라는 '마음 버릇'이 색안경이었던 셈입니다. 하지만 지금 저는 행복합니다. 과거에 일어난 사건은 사실로서 변함없지만, 지금은 그 과거를 불운으로도, 불행으로도 생각하지 않습니다.

제 친구 이야기를 해볼까요. 이 친구는 유복한 가정에서 태어났지만, 아버지가 사업에 실패하는 바람에 밑바

'불운'과 '행운'을 정하는 것은 현실이 아니다

아아, 난 불행해.

불행 이라는 '마음 버릇'

일어난 현실

불행의 색안경

그 사람이 어떤 색안경을 쓰고 있는가로 현실을 보는 관점이 달라진다.

아아, 난 행복해.

행복의 색안경

행복 이라는 '마음 버릇'

닥 인생을 맛보았다고 합니다. 그때는 최악이라고 느꼈지만, 지금은 그때 일에 호들갑스러운 반응을 보이기는커녕, "그러고 보니 그런 일도 있었지." 하며 그저 담담하게 받아들입니다. 지금 그는 아버지의 사업을 보란 듯이 다시 일으켜 더욱 성장시키고, 단란한 가정까지 꾸려 행복하게 지내고 있습니다.

옛날의 저는 스스로 불행하다고 믿는 마음 버릇의 색

안경 때문에 불운했습니다. 지금도 저는 똑같이 색안경을 쓰고 있지만 행복합니다. 지금 색안경에는 나는 행복하다고 믿는 마음 버릇이 칠해져 있으니까요.

현실의 영향을 받아 자신은 행운이라고, 혹은 불운이라고 생각하는 사람이 많지만, 사실은 그렇지 않습니다. 우리가 낀 '마음 버릇'이라는 색안경이 현실에 의미를 부여하는 겁니다. **현실은 그저 눈에 보이는 사물이나 현상, 일어난 사실일 뿐입니다. 그런 일에 운이 좋다거나 나쁘다거나 의미를 부여하는 것은 저마다의 색안경, 즉 '마음 버릇'의 작용입니다.**

아는 사람 중에 중병에 걸려 몇 개월이나 입원한 사람이 있습니다. 그 사람은 항상 자신이 행복하다고 생각하는 마음 버릇이 있어 병에 걸린 것조차 행운이라고 말합니다. "그야 당연하지. 목숨도 건졌고, 입원 중에 여러 사람 도움도 받고 배운 것도 많았으니까. 이런 귀한 경험을 하다니 얼마나 운이 좋아. 그저 감사할 따름이지."라고 싱글벙글 웃으며 말하더군요.

일어난 현실을 두고 '운'이 좋다고 받아들이느냐, '운'이 나쁘다고 받아들이느냐는 현실에 어떤 일이 일어나는가와 관계없이 모두 머릿속 '마음 버릇'에 좌우됩니다. 눈앞에 일어난 사건은 그저 사실입니다. 그것을 다행으로 생각하는가, 불행으로 생각하는가, 그 생각의 '습관'이 사람마다 다를 뿐입니다.

일이 잘 안 풀리는 사람들의
말버릇 "그럼 그렇지, 역시"

나쁜 일만 생긴다고, 자신을 늘 '불운'하다고 생각하는 사람이 곧잘 하는 말에 "그럼 그렇지, 역시"가 있습니다.

"차일 거란 생각을 했는데 역시나 차여 버렸어. 그럼 그렇지."

"처음부터 이상하더라니. 그럼 그렇지, 이렇게 배신할 줄 알았어."

"이렇게 살다간 언젠가 병에 걸릴 것 같더라니 역시나."

미리부터 나쁜 결과를 상상하고 그렇게 되리라고 생각했기 때문에 현실이 그런 식으로 보입니다. **"그럼 그렇지. 역시"는 머릿속에서 상상한 모습이 현실로 나타났을 때 하는 말입니다. 나쁜 일이 일어났을 때 자주 쓰는 말이지만, 좋은 '운'을 끌어당길 때도 쓸 수 있습니다.** 미리 좋은 일을 설정해 놓고 "그럼 그렇지. 역시 잘 될 줄 알았어!"라고 하는 방식이죠.

중국에서는 예전에 방위를 통해 길흉을 알아보곤 했습니다. 환경의 길흉을 읽는 풍수와도 밀접한 관계가 있는데, 몇 월 며칠 몇 시 몇 분, 어느 방향으로 가면 운이 좋은가를 알아봐서 자기가 가는 방향을 정하는 겁니다. 이것이 운을 끌어들이는 방식을 응용한 예라고 할 수 있습니다.

예를 들어 방위를 통해 "남동쪽으로 가면 귀인을 만날 운이다."라고 나왔다고 합시다. 그 말을 믿는다는 것은 남동쪽으로 가면 좋은 인연이 있다고 미리 머릿속에 색안경을 설정했다는 말입니다. 그러면 남동쪽으로 간

당일이나 그 후, 한동안 주변에 일어난 일들을 색안경을 낀 채 보므로 뭐든 좋은 일이 어김없이 눈에 들어오게 됩니다. "역시 행운이 찾아왔어. 남동쪽으로 가란 말을 믿은 덕분인지도 몰라."라는 체험을 하고 나면 다음에도 해보고 싶은 마음이 들기 마련입니다.

마음 버릇이라는 색안경의 색을 마음에 드는 색으로 설정한 효과가 아닐까요? 남동쪽으로 가면 결혼 운이 트인다고 하더라. 그 말을 믿어 의심치 않았더니 결혼할 조짐이 잇달아 눈에 들어와서 결국 결혼할 수 있었다. 이런 이야기도 있을 수 있지요. 먼저 설정한 이미지에 현실이 맞아떨어지는 겁니다. 예로부터 전하는 신비한 힘인 '기(氣)'의 존재와 일맥상통하는 면이 있습니다.

여기서 한 가지, 불운의 색안경을 행운의 색안경으로 바꿔치기할 힌트를 소개하겠습니다.

앞서도 말씀드렸지만, 대화 중에 무심코 "역시…."라고 말하거나 마음속으로 생각했을 때. 이때가 좋은 기회입니다. 절대 놓쳐서는 안 됩니다. 무엇이 '역시'였는가.

역시라는 말에 이어서 하려던 말로 자신이 '늘', '무엇을', '강하게' 머릿속에 그리고 있었는지 알 수 있습니다. 그것이 자신의 '마음 버릇'입니다. 자신이 어떤 '마음 버릇'의 색안경을 쓰고 있는지 아는 것이 '운'이 좋은 색안경으로 바꾸는 첫걸음입니다.

이를테면 "아, 역시 실패했다."라면 "역시 실패로군. 하지만 지금 손해가 훗날 큰 이득으로 이어질지도 몰라. 귀중한 체험이었어."라는 식으로요.

운 좋은 사람을 따라하면
내 운도 좋아진다

내게 어떤 색안경, 즉 '마음 버릇'이 있는지 알았더라도, 그저 알기만 해서는 좀처럼 그것을 바꾸지 못할 수도 있습니다. 특히 오랜 시간에 걸쳐 내 안에 깊숙이 뿌리 내린 '마음 버릇'은 쉽사리 바뀌지 않습니다. 부모나 교사, 혹은 사회의 세뇌를 받아 줄곧 믿어온 생각이나 가치관이 좋은 예입니다.

"공부를 잘해야 행복해질 수 있어."

"남에게 폐를 끼치면 안 돼."

"그래서 네가 한심한 애란 거야."

이러한 가치관이 머릿속에 새겨져 있다면 그것이 색안경으로 고정되어 버려 쉽게는 바뀌지 않습니다. 그런 마음 버릇을 확 바꿀 수 있는 유일한 방법은 아예 다른 체험을 하는 것입니다. 외계인 따윈 절대로 없다고 믿는 사람에게 아무리 UFO 이야기를 한들 믿어주지 않습니다. 하지만 그런 사람도 외계인과 맞닥뜨리는 경험을 겪고 나면 대번에 우주인은 틀림없이 있다고 굳게 믿을 것입니다.

수행이라는 체험으로 인해 '마음 버릇'도 바뀌고 운명도 바뀔 수 있습니다. 제가 인생을 극적으로 바꿀 수 있었던 것도 수행이라는 체험을 통해서였습니다. 하지만 현실적으로 누구나 수행을 체험하기란 어려울 것이고, 외계인과 만나는 체험도 좀처럼 하지 못할 것입니다. 그런 만큼 고집스럽게 고정된 색안경을 바꿀 체험의 기회가 쉽게 찾아오지 않습니다.

하지만 괜찮습니다. 만약 '운'이 나쁘다는 생각에 그런 색안경을 고집스럽게 끼고 있다 하더라도 그것을 벗고 '운'이 좋은 색안경으로 바꾸어 낄 방법이 있습니다. **바로 '운'이 좋은 사람의 흉내를 내는 것입니다.** 흉내를 낸다고 해서 그 사람이 될 수는 없지만, 그 사람과 똑같이 행동함으로써 그가 왜 그렇게 행동하는지, 그 사람이 전제로 삼고 있는 세계관은 무엇인지 알 수 있습니다. 자신과의 차이도 느낄 수 있게 되겠지요. 그 사람의 행동(=몸 버릇), 말(=말버릇), 생각(=마음 버릇)을 모방하는 것이므로 그 사람다운 '습관'이 몸에 배고 그 사람다운 결과를 얻을 수 있게 됩니다.

다른 사람의 행동을 모방하여 부자가 된 사람들을 수 없이 보아왔습니다. 한번은 회사를 운영하는 기업체 대표가 회사 문제로 컨설팅을 받기 위해 저를 찾아온 적이 있었습니다. 그의 회사 사정은 나날이 어려워져 고민이 이만저만이 아니었습니다. 여기저기 안 다녀본 상담소가 없을 정도였습니다. 그와 상담을 하면서 거주하는 집을 살펴보았습니다. 풍수적으로나 정신 위생상으로나 좋지 않은 곳에 살고 있었습니다. 가능하다면 서둘러 이

사를 하는 게 좋을 것 같다고 조언을 했습니다. 이사할 곳으로 풍요롭고 활기가 넘치는 동네를 제안했습니다. 그는 조언을 받아들여 이사를 했는데 이상하리만치 기업이 안정되고 잘 풀리기 시작했습니다.

그는 새로 이사 간 공간에서 생활하면서 풍족하고 여유로운 사람을 일상적으로 접하게 되었습니다. 그 결과 그런 분위기가 자연스럽게 몸과 마음으로 스며들었던 것입니다. '저렇게 되고 싶진 않아'라는 생각이 드는 사람이 아니라 '저렇게 되고 싶어'라는 생각이 드는 사람을 모방하면 됩니다. **'운'이 더 좋아지기를 바란다면 '운이 좋아 보이는 사람', '행복해 보이는 사람'을 찾아내 그 사람과 친해지고 되도록 함께하는 것이 좋습니다.** 그렇게 하면 자연스레 그 사람의 행동, 말버릇, 사고방식이 전염됩니다. 그리고 무언가를 정해야 할 때 '운 좋은 그 사람이었다면 이렇게 하겠지.' 하는 생각을 하게 됩니다. 점점 잘못 판단하는 일이 적어지고, 거기서부터 '운'이 트이기 시작합니다.

더이상 해도 안 될 때가
진짜 기회다

살다 보면 삶을 포기하고 싶은 최악의 현실과 마주칠 때가 있습니다. 제게는 아버지의 사망 전후가 그런 시기였는데 극도의 혼란 속에서도 계속해서 이렇게 되뇌었습니다. '지금까지 살아온 방식으로는 안 돼. 나도 언젠가는 이 세상을 떠난다. 제대로 된 삶을 살아야지.' 그렇게 해서 나름대로 삶의 버팀목을 찾아 헤맨 끝에 만난 것이 '습관의 힘'입니다.

막다른 상황에 몰려 어찌할 바 몰랐던 경험이 없었다면 변함없이 성질머리 비딱한 못된 인간인 채로, 사회를 원망하면서 이렇다 할 배움도 못 얻고 다시는 영원히 일어서지도 못했을 것입니다. 그래서 지금 막다른 곳에 몰렸다고 생각하는 사람에게 이렇게 말하고 싶습니다.

"사방팔방 꽉 막혔더라도 괜찮습니다. 거기가 진정한 출발점입니다. 틀림없이 흐름을 바꿀 결단을 내릴 수 있습니다!"

생각해 보면 사방팔방이 막혔다는 것은 이미 사방으로, 팔방으로 헤쳐 나갈 시도를 해보았다는 뜻입니다. 그렇다면 다시 그 틈새로 아홉 번째, 열 번째 시도를 할 수밖에 없습니다. KFC의 창업자 할랜드 데이비드 샌더스(Harland David Sanders)는 60대 후반에 자신이 개발한 닭튀김을 팔아줄 가게를 찾아 영업에 나섰으나 1008번 거절당하고 1009번째 처음으로 계약을 따냈습니다. 만약 1008번째에 포기했더라면 지금의 KFC는 존재하지 않았을 것입니다. 중요한 것은 모든 수단과 방법을 다 써보는 것입니다. 다 써보기도 전에 포기하는 것이 무엇보다 안타까운 일입니다.

운이 나쁜 사람은 사방팔방 다 막힐 때까지 시도하지도 않습니다. 한두 번 찔러보고는 '어쩐지 안 될 것 같다.'라며 포기하고 맙니다. 가능성을 부정하는 것이 '운'을 망가뜨립니다. 체념해버리기 때문에 '운'이 찾아올 길이 없습니다.

성공을 거두는 사람은 성공할 때까지 계속하는 사람입니다. 멈추어 서기보다 돌파할 길이 없는지 깊이 생각해 보세요. 도전은 헛되지 않습니다. 도전한 수만큼 경험을 손에 넣을 수 있습니다.

불가에서는 몇백 번, 몇천 번이나 똑같은 수행을 반복합니다. 그 반복이 자신을 믿는 마음과 자신감으로 이어지고, 더 나은 '습관'이 되어 무의식적인 나쁜 '습관'을 바꿉니다.

마음의 빈틈으로 파고드는
불운을 막는 법

어떤 분께 막다른 상황에 몰렸을 때의 이야기를 했더니 대화가 이렇게 흘러갔습니다.

"여러 가지로 시도해봤지만 다 안 되더군요."

"하지만 아직 계속하고 계신 거죠?"

"아뇨. 해볼 만한 건 이미 전부 했습니다."

"정말로 다 하신 겁니까? 방법은 무한한데 전부 해봤다니 있을 수 없는 일입니다."

"전부는 아닐지도 모르겠네요. 하지만 온갖 애를 다 써보고도 죽을 때까지 방법을 찾지 못하면 어떻게 합니까?"

"그렇군요. 그렇다면 '막다른 골목에서 빠져나갈 길을 못 찾은들 어떠랴' 하는 마음으로 대처하면 됩니다. '바람'과 '바람이 잘 이루어진 것'을 연결 지으면 안 됩니다. 두 가지는 아예 다른 거니까요. 바라는 마음을 포기하지 마세요. 그 바람을 향해 나아가는 과정에서 얻는 것이 있습니다. 오히려 처음 바랐던 것과는 다른, 자신이 진정으로 바라는 것을 찾아낼 수도 있습니다."

"허, 그렇습니까?"

"운의 정체는 방향성입니다. 자신이 바라는 결과와 일치하는 방향으로 계속 걸어가세요. 그렇게 하면 반드시 무언가 빛나는 것이 보일 테니까요."

'가능성'을 포기하지 마세요. '이제 다 틀렸다'고 단정 짓지 마세요. '어차피 안 된다'고 삐딱한 고집을 부리지도 마세요. 이것이 막다른 골목에서 '운'을 열 수 있는 3원칙입니다.

이것을 뒤집으면 '불운'으로 이어지는 전형적인 사례

가 만들어집니다. 다시 말해서 그저 한탄하거나 두려워하며 포기할 때, 가능성이 없다고 단정 지을 때, 움츠러들거나 자포자기해서 비뚤어질 때, '불운'이 파고듭니다. 마치 빈 집에 도둑이 들 듯 마음의 빈틈을 타고 불운이 찾아옵니다. 불운을 부르는 습관적인 마음가짐, 곧 마음버릇을 고쳐먹으면 '불운'을 떨쳐낼 수 있습니다.

마음에 빈틈이 생긴 까닭은 어차피 남들이 자신을 알아주지 않는다는 태도로 자기 본심을 얼버무려왔기 때문입니다. 자기 본심을 꾹 숨기고 반대되는 말을 하거나(=말버릇), 얼버무리거나(=몸 버릇), 참으며(=마음 버릇) 살아왔기 때문에 포기하고, 단정 짓고 비뚤어지는 버릇이 생긴 것입니다.

그러므로 **일단은 자기가 자기 속마음을 알아주어야 합니다. 인정해 주어야 합니다. 그것이 마음속 빈틈을 파고든 불운이라는 도둑을 쫓아내기 위한 첫걸음입니다.** 자신과의 끊임없는 대화를 통해 나는 무엇을 하고 싶은가, 무엇을 원하고 있는가를 찾아내야 합니다. 자신의 욕망을 부정하지 말고 자기 마음과 충실히 마주하여 진짜 속마음을 탐색해 보세요.

나를 살리려면 먼저 나를 알아야 합니다.

기분전환으로
운의 흐름을 바꿔라

     '운'이 나쁜 사람은 공포나 불안을 느끼는 '마음 버릇'에 푹 잠겨 있습니다. '이 기획은 떨어질 게 뻔해', '약속 시간에 또 늦겠네', '그가 거절하리라는 걸 알고 있어', '○○씨는 날 싫어하니 어쩔 수 없지'…등등.

  이런 '마음 버릇'은 자기가 멋대로 만든 것일 뿐 실제로 그렇게 될지는 결과를 확인해보기 전에는 알 수 없습니다. 그런데도 아직 알 수도 없는 일을 그저 생각만으로 불안해하고 미래를 두려워하면서 지금이라는 시간을 흘려보내고 있습니다.

아직 알 수 없다고 한다면 차라리 정반대의 '마음 버릇'을 만들어도 되지 않을까요. 이왕이면 '내게 나쁜 일 따윈 절대로 안 생겨', '잔업 양이 많긴 하지만 제대로 하면 콘서트는 보러 갈 수 있을 거야', '약속 시간에 안 늦으면 좋겠네. 설령 늦더라도 누구 하난 감싸 주겠지'라고. 철저하게 자기 좋을 대로 '마음 버릇'을 들이는 게 좋습니다.

참고로 '마음 버릇'은 기분에 영향을 받는 부분도 있으므로 기분전환을 잘하는 것이 '마음 버릇'을 바꾸는 데 도움이 됩니다. **'오감이 깜짝 놀랄 만한 쾌적한 체험'은 기분전환에 즉각적인 효과가 있습니다.** 최고로 아름다운 물건을 곁에 둔다거나 장엄한 풍경을 보거나 근사한 음악을 듣거나 정성 들인 재료로 만든 맛있는 음식을 먹거나 마사지나 피부 관리 등 몸이 기뻐하는 쾌적한 경험을 하면 기분이 전환되면서 시점의 변화가 일어납니다.

충격이 클수록 좋으므로 낯선 땅으로 가슴 설레는 여행을 떠나는 것도 좋습니다. 간단히 할 수 있는 일이라

'운'의 흐름을 바꾸는 방법

아침 7시~9시에
창을 연다

기분이 좋아지도록
맘껏 웃는다

오감이 깜짝 놀랄 만한
쾌적한 체험을 한다

면 집 안에 좋은 향기가 가득하도록(되도록 시도해 본 적 없는 향을 고르면 더 좋습니다) 향을 피우거나 디퓨저를 꽂아 두는 방법을 권합니다. 향기는 뇌를 자극하고 기분을 바꾸어 줍니다.

또 기분 좋은 상태로 지내는 것도 불운을 가까이하지 않는 한 가지 비결입니다. "웃으면 복이 온다."라는 말도 있듯이요. 자기가 자기 비위를 맞추듯 되도록 늘 좋은 기분을 유지해 '불운'의 '마음 버릇'에 빠져들지 않도록 합시다.

집 안에 쌓인 묵은 공기를 내보내는 것도 기분전환에 도움이 됩니다. 정체된 공기 속에 있다 보면 기분도 가라앉기 마련입니다. 옛날 사람들은 아침 7시부터 9시까지를 '진시', 즉 '용의 시간'이라고 불렀습니다. 이 시간대에는 창문을 활짝 열어젖히고 집 안의 묵은 공기를 내보내고 신선한 공기를 들였습니다. 마치 잠들어 있는 집의 눈을 깨우고 행운의 스위치를 켜듯이 말입니다. 창으로 들어오는 신선한 공기가 활기를 북돋아 주었을 겁니다. 사소한 일이지만 기분이 바뀌면 '운'의 흐름도 바뀝니다.

Action Plan
아침이 밝아오면 창을 활짝 열어 신선한 공기를 집 안으로 들이자. 기분이 가라앉을 때면 향기 좋은 향을 피우거나 재미있는 방송을 보고 마음껏 웃어 기분을 전환하자.

3장

돈을
끌어당기는
습관

사람들은 언제나 돈을 저축하라고 충고한다.

그러나 이것은 나쁜 충고다.

모든 돈을 저축하지는 마라.

자신에게 투자하라.

-헨리 포드

돈의 본질을 알아야
돈이 모인다

돈을 대하는 모습에서 특히 그 사람이 사는 방식에 밴 '버릇'이 잘 드러납니다. 돈에 대해 어떻게 생각하는지(=마음 버릇), 어떻게 말하는지(=말버릇), 어떻게 돈을 쓰는지(=몸 버릇) 그 습관에 따라 돈이 잘 모이기도 하고 덜 모이기도 합니다. 애초에 돈이란 무엇인가, 돈을 어떻게 생각하는가 하는 '마음 버릇'이 중요합니다.

일단 돈이란 무엇인가. 그 본질을 함께 생각해 봅시다. 원래 돈은 물물교환을 대체하기 위하여 등장했습니다. 사과를 가진 사람과 꽁치를 가진 사람이 있는데 서

로 상대가 가진 물건을 갖고자 할 때 아주 오랜 옛날에
는 물물교환을 했습니다. 서로 원하는 것끼리 교환할 수
있었으니 둘 다 만족스러운 일입니다. 물물교환은 바로
'기쁨'의 교환입니다.

그런데 사과를 가진 사람이 지금 당장은 꽁치를 원하
지 않지만 한 달 후에 원하게 되면 어떻게 해야 할까요?
그래서 언제든 꽁치로 바꿀 수 있는 교환용으로 돈이 등
장한 것입니다. 돈이란 '이것을 가지고 있으면 언제든
꽁치로 교환할 수 있어요'라는 '신용'이 담긴 것입니다.
돈은 '기쁨'의 감정과 '신용'이 모습을 바꾼 것이라고 할
수 있습니다.

원하던 꽁치를 받을 수 있다는 '기쁨'의 대가. 고대에
는 돌이나 조개, 지금은 지폐나 동전으로 달라지기는 했
지만 가지고 있으면 틀림없이 원하는 물건과 교환할 수
있다는 믿음을 돈은 가지고 있습니다.

오늘날에는 가치 있는 것과의 교환 도구로 돈이 존재
합니다. 가치 있는 것이란 자기는 만들어내지 못하지만

마련하고 나면 편리하고 기쁜 물건이나 서비스를 가리킵니다. 그런 물건이나 서비스를 손에 넣는 '기쁨'과 '감사'의 마음을 건네는 교환 도구로 돈이 존재하는 것입니다.

돈이 모이는 곳에 '신용'도 모입니다. 다만 '기쁨'이라는 감정이 끼여 있지 않은 돈거래는 돈의 본질을 따르지 않으므로 거래가 성립하지 않거나 성립하더라도 금세 무너져서 '신용'은 모이지 않고 돈의 순환도 일어나지 않습니다. 요컨대 바로 없어진다는 이야깁니다. 남을 속이거나 협박하거나 슬프게 해서 얻은 돈은 일시적으로 내 곁에 머무를 수는 있어도 금세 없어지고 맙니다. 그것이 돈의 본질입니다.

부자가 되고 싶다면 돈의 본질을 거스르지 말아야 합니다. 돈을 내건 받건 돈을 주고받을 때는 '감사'의 마음을 담아 교환해야 합니다. 나와 상대방 모두 '기쁜 마음'으로 한다는 것이 중요합니다. 그런 돈의 본질을 이해했다면 돈에 대한 마음도 달라질 것입니다. 부자가 되고 싶다면 '돈은 더럽다', '돈만 생각하는 건 천하고 상스럽다', '돈은 온갖 말썽의 근원이다'라는 생각은 실수로라도 해서는 안 됩니다. 돈이란 감사의 마음이 형태가 된 것, 나와 남을 다 기쁘게 해 주는 것, 그렇게 생각하도록 버릇을 들이면 돈을 마주하는 자세도 가다듬을 수 있습니다.

돈은 기쁨의 감정을 물질화한 것이라는 생각이 습관화되면 자연스럽게 '고맙습니다'라는 '말버릇'이 생겨납니다. 돈을 낼 때는 내 '기쁨'과 상대가 가진 '가치 있는 것'을 교환하는 것이므로 자연스럽게 "고맙습니다."라는 말이 나오고, 돈을 받을 때도 물론 "고맙습니다."라는 말이 저절로 나옵니다.

돈을 쓸 때도 한껏 감사하는 마음으로 쓰는 '몸 버릇'이 생깁니다. 그렇게 '마음 버릇', '말버릇', '몸 버릇'에 익숙해지면 '몸과 입과 정신'이 일치되므로 내가 기뻐하는 만큼 제대로 돈이 모여듭니다. '감사'가 돈으로 환원되어 돌아오는 겁니다.

돈을 쓸 때마다
고맙다는 말을 해라

돈에 대한 마음 버릇, 말버릇, 몸 버릇이 부정적이면 돈은 좀처럼 모이지 않습니다. 감정적인 도박이나 낭비가 그 좋은 예입니다. 언제나 돈이 모자란다고 생각하면서도 "속상하니까 돈을 막 써버릴 테다.", "한 방에 대박을 터뜨리고야 말겠어."라며 가진 돈마저 소중히 여기지 않고, 그저 감정을 발산하기 위해 마구 써버리면 돈은 돌아오기 힘듭니다. "아, 또 돈이 없네."라는 현실이 돌아올 뿐이죠. 중요한 것은 돈에 대한 부정적인 '마음 버릇'을 바꾸는 것입니다. 그리고 **돈을 쓸 때는 교환**

하는 것의 가치를 제대로 느끼며 고맙다는 말과 함께(마음속으로 중얼거려도 괜찮습니다) 쓰는 것이 좋습니다. "고맙습니다."라고 말하는 횟수가 많아질수록 '기쁨'과 '신용'이 쌓여서 다시 돈이 모이게 됩니다. 돈은 어떤 마음으로 주고받으며 돌게 하는지가 중요합니다.

Mind Plan

돈을 내거나 받을 때는 일단 "고맙습니다."라는 말을 할 것. 물론 실제로 입 밖으로 말하는 것이 가장 좋지만, 마음속으로 생각만 해도 효과가 있다.

기분 좋게 쓴 돈은
반드시 다시 돌아온다

저는 돈을 쓸 때 '틀림없이 다시 돌아올 테니까'라는 마음으로 기꺼이 손에서 떠나보냅니다. 쓸 때는 즐거운 마음으로 기분 좋게 쓰고 받을 때는 진심으로 고마워하며 받습니다.

얼마 전에 있었던 일입니다. 아는 사람 하나가 어떤 사람에게 맛있는 식사 한 끼를 대접했다고 합니다. 미식가였던 지인은 좋은 인연을 맺은 분께 정말로 맛있는 음식을 대접하고자 진심을 다했고, 상대방도 매우 기뻐했다고 들었습니다. 그 상대방이 사실은 어느 회사의 경영자로 훗날 생각지도 못한 큰일을 지인에게 맡겼다고 합니다. 식사 한 끼에 불과할 수도 있지만 순수한 마음으로, 대접하는 마음으로 한 것이었기에 생각지도 못한 큰 행운이 오자 지인도 많이 놀랐던 모양입니다. 자기도 기쁘고 상대방도 기뻐했으므로 그것은 돈의 본질에 근거하여 올바르게 돈을 쓴 것입니다. **돈은 '기쁨'과 '신용'이므로 상대방의 '기쁨'이 클수록 크게 돌아옵니다.**

하지만 만약 그 사람이 내심 어떤 대가를 바라고 밥을 샀다면 어떻게 되었을까요. 설령 상대가 맛있는 음식에 기뻐했다 하더라도 다음 일로 이어졌을 것 같지는 않습니다. 돈은 내는 쪽이나 받는 쪽이나 '감사'와 '기쁨'이 없으면 모이지 않는 법입니다.

'기브 앤 테이크'에
집착하지 않는다

그래서 돈을 낼 때는 감사하는 마음으로 상대방의 기대보다 많이 내는 것이 좋습니다. 종종 자기가 낸 만큼 꼭 받아내려는 사람이 있습니다. 매사 기브 앤 테이크, 등가교환에 집착하는 사람이죠.

일터에서도 돈을 요만큼밖에 못 받으니 일도 요만큼밖에 못하겠다는 사람을 볼 수 있는데, 이런 자세로 일하다가는 사람도 돈도 멀어지기 쉽습니다. 어째서일까요. 거기에는 상대방에 대한 감사도, 경의도 없기 때문입니다.

돈이든 일이든 받아들이는 쪽에서는 대체로 주는 쪽이 기대하는 만큼의 70~80퍼센트 정도만 만족합니다. 내가 온 힘을 다해 100퍼센트 일을 끝마쳐도 받아들이는 상대의 '기쁨'은 내가 들인 노력의 70~80%로 줄어듭니다. 돌아오는 돈도 내가 생각했던 것보다 20~30% 적습니다. 상대가 70~80%밖에 만족하지 못했으므로 주는 돈도 거기에 맞춰 줄어들기 때문입니다. 이렇게 되면 등가교환에 집착하는 사람은

　"뭐야, 돌아오는 게 이것밖에 안 되네. 그렇다면 나도 거기에 맞출 수밖에 없지."

　라며 거듭 등가교환에 매달려 일을 날림으로 하게 되고 돌아오는 돈은 거기서 또 20~30퍼센트 줄어들고 맙니다. 그렇게 등가교환을 반복하는 동안 점점 가난해지는 악순환에 빠집니다.

　어느 경영자는 시간제로 서비스를 제공하는 업종이어서 시간이 되면 칼같이 서비스를 중단하는 방식으로 일을 해왔습니다. "시간으로 끊지 않으면 일이 한없이

늘어나 버립니다."라고 그는 주장합니다. 영업을 시작한 지 어느 정도 시간이 흘렀는데도 매출이 오르기는커녕 감소하기 시작했습니다. 경영이 어려워져 상담을 청하러 온 그에게 저는 '등가교환 방식'의 운영을 개선하고 항상 고객의 기대를 웃도는 서비스를 제공할 수 있도록 마음을 쓰라고 조언했습니다. 그랬더니 어김없이 고객의 만족도가 높아져서 경영이 호전되었습니다.

'등가교환' 이상의 가치를 제공하면 상대가 느끼는 '고마움'도 점점 커져 단골이 되기 쉽고, 서비스와 교환하여 받는 돈도 늘어나기 마련입니다. 만족이란 '얻는' 데서 생기기도 하지만 사실은 '주는' 데서 더욱 크게 느끼는 법입니다. 등가교환에 집착하여 그 이상의 것을 주지 않으면 자신도 만족하지 못합니다.

받았을 때의 만족감은 한순간에 그칩니다. 받은 그 순간에는 만족하지만 금세 더 바라게 됩니다. '좀 더, 좀 더' 하고 욕심을 부리기 시작하면 더욱더 만족하기 어려워집니다. 진정한 만족이란 오직 남에게 줌으로써 생겨납니다. 줄 수 있는 것이 내게 있고, 상대가 내가 준 것에 기뻐한다는 행복을 알기 때문입니다. 승려가 돌아다니며 시주를 받는 것이나 할로윈 데이에 아이들이 집집마다 다니며 사탕을 받는 것은 사람들에게 '준다'는 만족스러운 체험을 할 수 있도록 하기 위한 것이라고 볼 수 있습니다.

등가교환 방식이 아니라 그 이상으로 상대에게 줄 것. 희생이나 아첨이 아니라 '감사'의 마음을 담아서. 그렇게 하면 나도 만족감을 얻을 수 있고 상대방도 기뻐하므로 풍요로움이 돌고 돌아 내게 다시 옵니다.

돈은 내는 쪽에서 보자면 '이만큼이나 냈다'고 생각하기 쉽고, 받는 쪽에서 보자면 '뭐야, 이것뿐이야?'라고 생각하기 쉽습니다. 이 차이가 말썽의 근원이 되지만 그 차이를 좁히려는 성실한 발걸음이 신뢰를 불러올 수도 있습니다.

'기브 앤 기브', 주는 사람이 성공한다

얼마 전 집에서 일하고 있을 때 전화 한 통을 받았습니다.

"헌 옷을 모으고 있습니다. 댁에 불필요한 옷은 없습니까? 유료로 거둬가겠습니다."

저는 그 회사의 이름도 모르고, 어디에 있으며 어떤 활동을 하는지도 모릅니다. 어쩌면 훌륭한 활동을 펼치고 있을지도 모르지만 거기까지는 알 수 없었습니다.

"다 쓴 물건을 재활용하는 활동에는 힘을 보태고 싶지만 늘 이용하는 회사에 맡길 생각이니 거절하겠습니다."

라는 말로 전화를 끊었습니다.

느닷없이 전화를 걸어 온 회사와 늘 이용하는 회사 둘 중에 늘 이용하는 회사 쪽이 신용도가 높았다는 뜻입니다. '기쁨'과 '신용'이 형태를 바꾼 것이 돈이므로 애초에 '신용'이 없는 곳에서 돈은 생겨나지 않습니다. **돈이라는 형태나 성과를 바란다면 일단 '신용'을 쌓는 것이 먼저입니다.**

'신용'이 쌓이지 않은 사람이 아무리 좋은 상품을 만들어 팔고 있다 하더라도 그 상품은 좀처럼 팔리지 않습니다. 그 상품에 가치가 없어서가 아니라 '잘 모르니까'라는 이유 때문입니다. 그러면 어떻게 해야 '신용'을 쌓을 수 있을까요.

처음에는 오로지 상대방에게 계속 줄 수밖에 없습니다. 그렇다고 해서 갑자기 자기 상품을 공짜로 제공할 수는 없으므로 정보나 서비스, 사소한 '기쁨' 등, 자신이 가진 것 가운데 무리하지 않고 줄 수 있는 것을 제공합니다.

예를 들어 상대의 관심사에 유용한 정보를 들려주거나, 그 사람의 취미에 관심이나 경의를 보이며 귀를 기

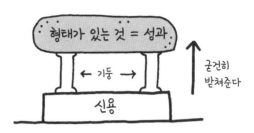

기둥이 없으면 지붕은 무너진다.
'신용'이 없는 곳에 형태가 있는 것(=성과)을
얹으려 해도 무너질 뿐.

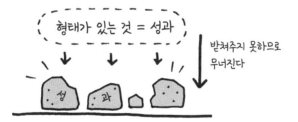

울이는 일쯤이야 누구라도 쉽게 할 수 있을 것입니다. "저라도 괜찮으시면 이야기를 들려주세요."라고 하면 그것만으로도 상대의 마음이 조금은 누그러집니다. 만약 시간이 아주 많다면 시간을, 힘이 세다면 힘을, 지혜가 있다면 아이디어를 상대에게 제공하면 됩니다.

제가 컨설팅을 맡았던 어느 경영자의 이야기입니다. 청소가 취미이자 특기인 그 사람은 혼자서 청소회사를 운영하고 있습니다. 처음에는 회사 이름 하나를 알리기도 쉽지 않았고, 고객이 늘지 않아 애를 먹었습니다. 부지런히 영업을 뛰어도 법인회사도 아니고 아직 실적도 없었던 탓에 수상쩍다며 꺼리는 사람들이 많았다고 합니다. 낯선 사람을 집 안에 들여놓아야 하니 장벽이 높을 수밖에요. 청소에 굳이 돈을 쓸 필요가 없다, 그 정도는 내 손으로 할 수 있다는 사람들의 생각도 장벽의 하나였습니다.

그래서 그도 처음에는 연줄에 의지해 고객을 늘려 갔습니다. 청소하러 가면 의뢰받은 곳을 고객의 기대보다 훨씬 깨끗하게 청소했을 뿐만 아니라 문손잡이, 전기 스위치 주변, 책장 위 등 눈에 잘 띄지 않는 곳도 깔끔하게 닦았습니다. 쌓아놓은 신문지나 페트병, 캔 등을 분리수거 장소까지 나르는 등 작은 서비스를 꾸준히 제공했습니다. 그랬더니 청소 전문가로서의 능력과 섬세한 일솜씨로 호평을 받으며 단골이 생기기 시작했습니다. 손끝도 야무진 데다 사소한 서비스도 꾸준히 제공하니 입소문을 타고 서서히 고객이 늘어났습니다.

'등가교환'이 아니라 플러스알파의 '기쁨'을 상대방에게 제공하면 '기쁨'이 '신용'이 되고, 이윽고 물질화돼서 돈으로 형태를 바꾸어 갑니다. 단 주의할 점이 하나 있습니다. **내가 상대에게 주는 것은 무리하지 않는 범위에서 줄 수 있는 것, 내가 잔뜩 가지고 있는 것이어야 합니다.** 억지로 주다 보면 "그렇게까지 해 줬는데 아무것도 해 주질 않다니!" 하는 불만으로 이어집니다.

여윳돈이 없으면서도 돈을 들여 뭔가를 제공하거나, 경영이 휘청댈 만큼 요금을 깎아주거나 해서는 안 됩니다. 상대가 잠시나마 싸게 먹혔다고 기뻐한들 그것이 나의 기쁨이 되지는 않습니다. 고통스러운 교환이 될 뿐입니다.

보이지 않는 것에 투자해야
부를 거머쥘 수 있다

저는 인생을 바꾸겠다는 절실한 마음에 이 런저런 강연 듣기, 사람들과의 만남과 책 구입에 돈을 많이 썼습니다. 돈을 어디에 쓰느냐는 그 사람이 사는 방식과 연동합니다. 일반적으로 우리는 눈에 쉽게 띄어 알아보기 쉬운 것에 돈을 쓰고 싶어 하는 경향이 있습니다. 큰돈이 있으면 집이나 자동차, 보석 등 남들에게 보여주고 자랑할 수 있는 물건을 사고, 돈이 적으면 옷이나 음식, 취미용품을 사서 자신을 만족시키곤 합니다.

한편 눈에 보이지 않은 것에는 좀처럼 돈을 쓰지 않으

어느 쪽에 돈을 걸까?

기지의 세계

내가 아는 범위로
한정된 세계
= 좁다

미지의 세계

내가 모르는 세계,
어디까지 넓어질지 알 수 없다
= 무한

려는 사람들이 많습니다. 돈을 유효하게 돌리고 싶다면 눈에 보이는 것뿐 아니라 보이지 않는 것에도 투자해야 가능성이 더욱 높아집니다.

이것은 돈의 지배를 받는 삶의 방식을 바꾸는 실천 방법의 하나인데, 보통은 큰돈을 그런 데 쓰는 것을 아깝다고 생각하는 사람이 많겠지요. 하지만 형태가 없는 것, 눈에 보이지 않는 것에 얼마나 돈을 쓰느냐가 인생의 폭을 넓히는 데 영향을 미칩니다.

형태가 있는 것은 눈에 보이므로 이미 알고 있는 것, 즉 '기지'의 세계에 속합니다. 한편 형태가 없는 것은 눈에 보이지 않으므로 '미지'의 세계에 속합니다. **이 미지의 세계가 알고 보면 엄청난 가능성을 품은, 그야말로 우주 같은 존재입니다.**

보통 우리는 '기지'의 범위 안에서 움직이려고 합니다. 그러는 편이 안심할 수 있기 때문입니다. 어른이 될수록 자신이 아는 범위 안에서 안전하게, 안심하며 움직이려 합니다. 이래서는 세계가 '기지' 이상으로 넓어지지 않습니다. 자기가 아는 우물 안에서만 뱅글뱅글 헤엄칠 뿐, 우물 밖으로는 절대로 나가지 않는 개구리나 다름없습니다.

'미지'는 눈에 보이지 않는 세계이므로 어디까지 넓어질지, 무엇이 있을지 알 수 없습니다. 그래서 '미지'지만, 그 '알 수 없는' 부분이 흥미롭습니다. '기지'에 돈을 들이느냐, '미지'에 돈을 들이느냐는 그 사람의 자유입니다. 하지만 어느 쪽이 세계를 넓힐 수 있느냐 묻는다면, 보이지 않는 것에 건 쪽이 가능성이 있음은 분명하지 않을까요.

사람은 누구나 재능을 갖고 있습니다. 100명이 있다면 100가지 가능성과 감성이 있는 것이지요. 더 나아가 옳다고 느끼는 것도, 아름답다고 느끼는 것도 사람마다 제각각입니다. 무엇이 옳고 무엇이 정답인지 기준을 정해 자신을 맞추려고 하지 않아도 됩니다.

내 안에 숨어 있는 '미지'의 가능성을 발굴하는 데 돈을 쓰는 것. 그것이 나를 살리는 방식이 아닐까요.

 Action Plan 마음에 파문이 일 만큼 많은 돈을 미지의 세계에 눈 딱 감고 던져 보자.

돈의 흐름을 알면
더 빨리 부자가 될 수 있다

절약에 관한 책이나 노후의 자산 운용을 다
룬 기사가 인기라고 하는데 절약하면 부자가 될 수 있을
까요? 물론 어떤 목적이 있어 돈을 모으려고 절약한다
면 괜찮지만, 그저 닥치는 대로 아낀다고 해서 풍족해질
것 같지는 않습니다. 이건 매우 간단한 원리입니다.

절약한다는 것은 나가는 돈의 양을 줄인다는 말입니
다. 줄이는 속도를 늦추어도 결코 돈이 늘지는 않습니
다. 아무리 나가는 돈을 억제해도 들어오는 돈을 늘리지
못하면 부자가 되지 못합니다. 집을 산다거나 차를 산다

거나 유학을 떠난다는 등 목표를 정하고 거기에 맞춰 돈을 모으고, 원하는 것을 손에 넣기 위해 절약한다면 '가능성', 즉 '미지'의 것에 돈을 투자하는 셈이니 풍족함을 안겨 줄지도 모릅니다.

하지만 목적도 없이 그저 절약만 한다고 부자가 되지는 않습니다. 몇 번이나 이야기했듯이 돈은 '기쁨'의 교환입니다. 절약하다 보면 매사 마지못해 돈을 내게 되니 결코 '기쁨'이 되지 않습니다. 그래서 지나치게 절약을 지향하는 사람에게는 돈이 모이기 어렵습니다. 무턱대고 절약하는 사람은 쓰는 돈이 적을 뿐, 돈을 늘리는 사람은 아닙니다.

제 주변에는 다양한 직업에 종사하는 사람들이 있는데, 돈 쓰기를 아까워하거나 오로지 절약밖에 모르는 사람 중에 돈이 늘어나고 있는 사람은 아무래도 없는 것 같습니다. 이를테면 업무에 쓸 경비를 아껴서 낡은 컴퓨터나 집기를 계속 쓰면 업무 효율이나 품질이 떨어지기 마련입니다. 그러면 일감이 줄어들어 매출과 수입이 감소하므로 결과적으로 나가는 비용을 더욱 아껴야 하는 악순환에 빠지고 맙니다. 또 교제비를 아끼다 보면 사람들과의 교류도 줄어들어 귀중한 정보를 얻을 기회를 놓칠 수도 있습니다.

돈은 돌려야 들어온다고들 하는데 바로 그렇습니다. '기쁨'을 순환시키지 않으면 새로운 '기쁨'이 형태가 된 것(=돈)은 들어오지 않습니다. 호흡과 똑같습니다. 내쉬지 않으면 들이마실 수 없고 들이마시지 않으면 내쉴 수 없습니다. 멈추면 죽고 맙니다. 영양도 배설하기 때문에 섭취할 수 있습니다.

돈을 지나치게 아끼기보다 '기쁨'을 낳기 위해 척척 쓰세요. 그렇다고 그 '기쁨'은 '자기만의 기쁨'이 되어서는 안 됩니다. 물론 상대로부터 감사를 받기 위해서만 써서도 안 됩니다. 남도 나도 흐뭇하게 하는 '기쁨'이어야 돈은 모입니다. 따라서 가장 좋은 방법은 경제를 살리는 데 쓰는 것입니다. 예를 들어 사업을 하는 경우를 생각해 봅시다. 사람들에게 도움이 되는 물건을 만들어 고객을 기쁘게 하면 금전

적 이익과 더불어 고용이 늘어나게 됩니다. 그 결과 사회 경제가 활성화되어 사회적 기여를 하게 됩니다. 미국의 마이크로소프트나 애플도 사회에 막대한 가치를 제공했기 때문에 그토록 큰 기업이 되었습니다.

여러분도 '돈은 이 세상의 경제를 윤택하게 하기 위해 꼭 필요한 것이다'라는 개념을 갖고 돈을 쓰면 좋지 않을까요.

 Mind Plan "돈은 돌고 도는 것." 이 말의 의미를 깊이 이해해 놓자.

 Action Plan 컴퓨터, 휴대전화, 업무용 가방, 정장 등 업무에 사용하는 도구를 새로이 하면 획기적으로 효율이 올라갈 것이다. 좀 더 빨리 바꾸었더라면 좋았을 텐데…, 라는 말이 절로 나올지도.

부자가 되고 싶으면 지갑부터 바꿔라

돈은 소중히 다루지 않으면 모이지 않습니다. 살짝 시점을 바꾸어 생각해 봅시다. 소중한 것은 정중히 다루므로 늘 깨끗하고 오래가지만, 험하게 다루면 금세 망가지거나 어딘가로 사라지고 맙니다. 걸핏하면 우산을 잃어버리는 바람에 우산을 한 번 쓰고 버리는 물건으로 생각해서 일회용 우산만 사는 사람이 있습니다. 한편 우산 하나를 신중히 골라 오래 사용하는 사람도 있습니다. 한 번 쓰고 버리는 물건이라고 생각하면 잃어버려도 아무렇지 않지만 소중히 여기는 물건은 그렇게 되지 않습니다. 우산이 아니더라도 막 다루다 보면 금세 망가지고 툭하면 잃어버리지만 그렇다고 큰일 났다고 생각하지는 않습니다. 하지만 소중히 여기는 물건에는 마음이 깃들고 다루는 손길도 자연스레 정성스러워져서 좋은 관계를 길게 유지할 수 있습니다.

어차피 금방 잃어버릴 테니 싸구려라도 상관없어. 이것도 '마음 버릇'이자 '몸 버릇'입니다. 돈도 마찬가집니다. 소중히 다루지 않으면 어딘가로 가버립니다. 그러니 늘 지갑을 깨끗하게 관리해서 돈이 편히 머무를 수 있게 해 주면 어떨까요.

저도 지폐와 동전은 따로 넣어 두는데, 지폐는 접히지 않도록 장지갑을 씁니다. **돈이 머무는 자리는 휴양지 호텔처럼 편안하고 청결하며 깔끔하여 돈이 다시 돌아오고 싶다는 마음이 들도록 하면 좋습니다.** 기꺼이 나갔다가 기꺼이 돌아올 수 있는 그런 자리로 만드는 겁니다.

영수증이나 쿠폰, 포인트 카드로 지갑이 불룩하면 돈을 넣을 수 있는 공간이 적어서 갑갑하므로 돈이 편히 있지 못합니다. 돈더러 얼른 나가라고 말하는 것이나 다름없지 않을까요. 하루를 마무리할 즈음이면 지갑 속을 정리해서 영수증 같은 물건은 모두 꺼내 놓는 것이 좋습니다.

그리고 저는 바지런히 지갑을 닦아 손때나 더러움을 지우고, 광택이 나도록 손질을 합니다. 물론 지갑 소재에 따라 관리법은 달라지겠지요. 사람이나 물건이나 빛이 날수록 운이 강해집니다. 광택은 좋은 기운을 나타내므로 너덜너덜한 지갑은 이제 그만 버리고 깨끗하게 손질한 지갑을 들고 다닙시다.

돈을 소중히 하는 '마음 버릇'과 '몸 버릇'이 돈을 부르는 인생을 만듭니다.

Mind Plan 정성껏 소중히 다루며 사랑을 쏟으면 쑥쑥 자랍니다. 사람과 동물과 식물이 그렇듯 돈도 마찬가지! 그 마음을 잊지 마세요.

욕심을 숨기는 것은
미덕이 아니다

인간이란 참으로 흥미로운 존재입니다. '이게 갖고 싶어.', '저게 갖고 싶어.' 생각하다가도 그것을 손에 넣을 수 있는 방향과 반대로 가버리는 사람이 많으니 말입니다.

초등학생 시절 좋아하는 아이와 친해지고 싶으면서도 짓궂게 장난만 치는 행동을 합니다. 남이 호의를 베풀려고 하면 "아뇨, 됐습니다. 괜찮습니다. 그러면 제가너무 미안해서요."라고 짐짓 사양하며 호의를 거절하고요. 사실은 나도 끼워줬으면 싶은데 마음에도 없는 행동을 하거나 일부러 밉살맞은 말을 하며 무뚝뚝한 태도를 보입니다.

자신이 바라는 것에서 멀어지게 만드는 이런 습관을 저는 '원하는 것을 가질 수 없는 습관'이라고 부릅니다. 이런 버릇이 어디에서 왔을까요. 제 생각에는 참을성에서 비롯된 것 같습니다.

내가 무엇을 하고 싶은지, 무슨 말을 하고 싶은지, 무슨 생각을 하는지 표현하지 않고 언제나 참기만 합니다. 자신의 마음은 꼭꼭 숨기고 남의 기대에 맞추거나 남을 따르기만 합니다. 그런 과정이 반복되다가 어느 순간 참는 버릇이 생겨버리고 결국 원하는 것을 가질 수 없는 습관으로 정착됩니다. 그야말로 무시무시한 일입니다. 비즈니스에서도 이런 습관이 있는 사람은 주의해야 합니다. 원하는 것을 가질 수 없으므로 성공하기 어렵습니다.

예전만 해도 인내가 미덕이었습니다. 그래서 이런 습관이 배어 있어도 문제가 되지 않았습니다. 오히려 좋은 습관으로 여길 정도였지요. 사회에서 성공하려면 묵묵히 참으며 이마에 땀이 솟도록 고생하며 일해야 했습니다. 그렇게 참고 애쓰다 보면 인정도 받고 노력에 대한 보답도 받았습니다. 하지만 현대는 회사를 위해 무조건 참으며 애를 써 봐도 가차 없이 정리해고를 당하기 일쑤고 개인에 대한 배려는 없습니다. 제 몸은 오롯이 자기가 돌보아야만 합니다. 사회나 회사 등 큰 집단을 따라가기만 해서는 개인이 원하는 결과가 나오지 않는 시대가 되고 말았습니다. 이런 세상에서 비즈니스를 성공시키고 싶다면 본심을 드러내지 않고 '참는 버릇'='원하는 것을 손에 넣지 못하는 습관'은 제꺼덕 버려야 하지 않을까요.

우리는 대체로 어린 시절부터 줄곧 참으라는 소리를 들으며 자랐기 때문에 참는 것이 몸에 배어 있습니다. 그것을 없애려면 일단 자신의 작은 욕심부터 채우기를 권합니다. 더 솔직하게 말해도 됩니다. 하고 싶은 말을 하고, 하고 싶은 행동을 하고, 생각대로 움직일 기회를 늘려 가는 겁니다. 작은 욕심조차 채우지 못한다면 어떻게 큰 욕심을 이룰 수 있을까요. 공적인 큰 욕심은 사적인 작은 욕심 다음에 생겨납니다. 비즈니스로 성공해서 사회에 공헌하고 싶다는 큰 욕심이 있다면 일단은 작은 욕심을 채우는 데서 시작합시다.

일로 사회에 공헌하고 싶다든가 세상에 도움이 되고 싶다는 사람이 종종 있습니다. 확실히 비즈니스에서 성공을 거두려면 그런 공헌 욕구로 가득한 쪽이 낫습니다. 돈은 '기쁨'의 감정이 형태를 바꾼 것이므로 세상에 공헌할수록 많은 '기쁨'이 모여들고 그 대가인 돈이 쌓여 비즈니스도 성공한다는 도식을 따르는 것입니다. 하지만 갑자기 그렇게 하기는 쉽지 않습니다. 일단은 자신의 작은 욕심부터 채웁니다. 나조차 만족시키지 못했는데 남을 만족시킬 수는 없으니까요.

내가 가지지 못한 것을 남에게 건네줄 수는 없습니다. 내 손에 바나나가 없는데 남에게 바나나를 주겠다고 한들 억지일 뿐입니다. 남을 만족시키기 전에 먼저 내 작은 욕심을 마음껏 채워 나를 만족시켜야 합니다.

손익의 예측은
사업의 기본이다

일을 시작할 때 다른 사람의 성공 사례를 그대로 적용하려는 사람이 있지만 그래서는 잘 되기 어렵습니다.

어떤 분야에서 성공한 사람 중에는 마치 그 사람의 방법이 모든 사람의 '정답'인 듯 조언하는 사람도 있습니다. 하지만 그 방법은 그 사람이 썼기 때문에 잘 되었을 뿐, 다른 사람이 쓴다고 해서 잘 될지 어떨지 알 수 없습니다. 그 사람과 나는 애초에 처한 상황이 다르고, 자란 환경도 다르고, 부모도 다르고, 친구도 다르고, 생활방식도 다릅니다. '습관'이 다릅니다. 그런 만큼 모든 사람에게 공통되는 정답이란 있을 수 없습니다. 만약 그 사람의 방법을 참고해 자신의 방법을 정했다면 경과를 살피면서 검증하고 수정해 가야 합니다.

회사원이든 자영업자든 마찬가지인데, 바라는 성과나 이익에 대하여

⑴ 어떤 방법을 쓰기로 했을 때 거기에 드는 비용(지출)은 얼마인가

⑵ 그 방법으로 이익은 얼마나 늘었는가, 혹은 줄었는가

⑶ 매달, 혹은 매년 단위로 보았을 때 결과는 어땠는가

등을 정확하게 측정해야 자신에게 맞는 개선점을 찾아내고 다음 계획을 잘 세울 수 있습니다. **돈의 드나듦과 이익을 측정하고 검증하는 절차는 일을 진행하는 데 매우 중요합니다. 측정과 검증이 제대로 이루어졌다면 다음에는 계획이 중요합니다.**

"그때 가서 생각하자."

"해보면 어떻게든 되겠지."

라는 긍정적인 마음가짐도 매우 중요하지만 '마음'만으로는 당장 그 자리만 모면하는 데 그쳐 불안정해지기 쉽습니다. 역시 계획을 세워야 안정이 됩니다. 무계획은 도박이나 마찬가집니다. 계획을 세웠다고 해서 그대로 진행되느냐는 별개로, 계획이 없으면 '바라는 결과'로 나아가는 방향성을 만들 수 없습니다. 방향성이 없다는 것은 곧 고비마다 헤매기 쉽다는 말입니다.

계획을 세우는 데 서툴다면 남의 머리를 빌리는 것도 아주 좋은 방법입니다. 저는 회사의 경영 상태를 비즈니스 전문가에게 유료로 상담하고 있습니다. 돈이야 물론 들지만 그 덕분에 매출을 수월하게 예상하고, 사업을 훨씬 원활하게 진행할 수 있게 되었습니다. 저 혼자만의 지혜로는 이렇게까지 할 수 없었습니다. 비즈니스에서는 전문가의 지혜를 빌려야 잘 풀릴 때가 많습니다. 그러니 앞서도 이야기했듯이 자기 일에는 부디 적극적으로 투자하세요.

어떤 일에 착수했다면 그것의 추이는 어떤지, 지출과 수입은 얼마나 되는지 파악할 것. 업무와 돈의 흐름을 눈에 보이도록 적어 보자.

계획을 반성하는 시간을
반드시 가져라

계획을 세우는 일은 그만큼 중요하므로 조금 더 이야기해보겠습니다.

일이 암초에 걸리면 일단 멈추어 상황을 분석하고 방향을 가다듬어 개선한 길로 나아가거나 새로운 방법으로 대처하게 됩니다. 제2장에서 설명한 '완화-중지-수정-가속'의 법칙은 여기서도 사용할 수 있습니다. 즉 방향성을 완화하여 일단 멈추고, 방향을 수정하여 새로운 방향으로 속도를 높인다고 했을 때, 계획을 세우는 일은 멈추어 방향을 바꾸는 행위에 해당합니다. 다시 말해서 계획 세우기란 지금까지 내디뎌 온 발걸음을 용기 있게 일단 멈추고 객관적으로 돌아보며 시간을 들여 실행 계획을 다듬는 것입니다.

이것은 풍수에서 흔히 말하는 음양의 조화라는 관점에서 생각해도 들어맞습니다. 풍수의 에너지, 즉 기에는 안쪽으로 향하는 '음'과 바깥쪽으로 향하는 '양'이 있습니다. 이 음양이 균형 있게 조화를 이루면 어떤 일이든 성취하기 쉽다고 합니다. 이 방법에 따르면 바깥을 향해 활동하는 일 에너지는 '양'이 되고, 미래를 상상하며 자기 안에서 생각을 가다듬는 계획 에너지는 '음'이 됩니다.

즉 성공하려면 '양'과 '음'이 조화를 이루어야 하는데, 그러자면 작업에 쏟는 '양'의 에너지뿐 아니라 작업량에 걸맞은 '음'의 에너지도 채워야 합니다. 즉 반성하고 계획을 세우는 시간을 두는 편이 바람직합니다. '음'이 나쁘고 '양'이 좋은 것이 아니라 둘 다 중요합니다. 어디까지나 균형을 잡는 것이 중요합니다.

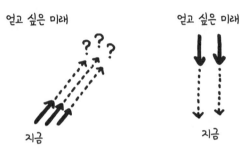

계획은 미래부터 역산해서 세우자

얻고 싶은 미래

지금

'지금'에서
미래로 향하는 계획을 세우면
'지금'의 연장이 되고 만다.

얻고 싶은 미래

지금

'얻고 싶은 미래'부터
역산하면
오차가 적다.

나무로 말하자면 땅 위로 나와 있는 줄기나 가지가 '양'이고 땅속에 숨어 있는 뿌리 부분이 '음'입니다. 어느 한쪽만 있어도 그만이 아니라 음양을 갖추어야 비로소 하나가 됩니다. 둘 다 필요합니다. 울창한 가지를 뻗으려면 거기에 걸맞은 튼튼한 뿌리도 필요하다는 뜻입니다.

그러면 양과 음의 균형은 어느 정도로 맞추면 좋을까요. 풍수에서는 가장 조화로운 비율을 6대4, 혹은 7대3

으로 보았습니다. 발전적인 성과를 내려면 '양'이 약간 많아야 균형이 맞는다고 합니다. 만약 **일에만 쫓길 뿐 생각대로 결과가 나오지 않는다거나 결과가 나와도 만족스럽지 않다면 계획 시간을 지금보다 많이 잡아 균형을 조절하세요. 또한 계획은 미래부터 역산해서 하는 것이 중요합니다.**

'오늘 → 미래'로 향하는 진행형이면 지금 있는 타임라인의 연장선상에서 계획을 세우는 것이므로 지금의 패턴을 그대로 밟기 쉽습니다.

그것보다는 목표를 달성하거나 과정을 완수한 후를 떠올리고 거기서부터 역산하는 '미래 → 오늘'형이 좋습니다.

미래의 그 순간을 무사히 맞이하려면
(1) 어떤 준비가 필요한가,
(2) 어떤 절차가 필요한가,

이 두 가지를 먼저 대충 그려보고, 그 후 상세하게 파고들어 현재에 이르는 시점까지 역산하여 계획을 세웁니다. '일'과 '계획 세우기'를 세트로 묶어 음양의 균형이 잡히도록 생각해야 합니다.

 반드시 '반성의 시간'을 마련한다. 내가 가고 싶은 방향으로 제대로 가고 있는지 일주일, 한 달 단위로 확인하며 자신에게 물어보자.

조급한 마음이 들면
잠깐 멈춰라

아무리 완벽하게 계획을 세웠다 하더라도 그대로 진행될지 아닐지는 알 수 없습니다. 결과가 나오기까지의 시간은 읽을 수 없기 때문입니다. 상품이라면 팔리기 시작하는 데 시간이 걸리고, 투자한 돈은 회수하는 데 시간이 걸립니다. 비즈니스에는 반드시 시차가 있다는 사실. 그 지체를 예상하여 미리 계산에 넣었는지가 중요합니다.

매사에 결과가 금방 나오지는 않습니다. 그런데도 우리는 곧잘 즉효성을 추구합니다. 특히 인터넷이 보급된 지금은 그리한 경향이 한층 강해졌습니다. 클릭했을 때 바로 결과가 나오지 않으면 안절부절못합니다.

즉각적인 효과를 추구하는 습관은 고통을 불러옵니다. 내일을 생각하지 않고 신용카드를 있는 대로 발급받아 유흥비로 흥청망청 쓰고 갖고 싶은 물건을 닥치는 대로 이것저것 삽니다. 얼마 뒤 청구서가 날아들면 아랫돌 빼서 윗돌 괴듯이 카드 돌려막기를 하다가 결국 감당하기 힘들어져 그때서야 "큰일 났네. 이젠 갚을 돈이 한 푼도 없는데……."라며 울며 후회합니다. 건강에 좋지 않은 생활을 몇 년씩 하다가 병을 얻고서야 "왜 나만 이런 병에 걸려야 하는 거지. 세상은 너무나 불공평해!"라며 화를 내는 식입니다.

금세 결과를 알 수 있는 것도 있지만 대부분은 결과가 느지막하게 찾아옵니다. 이 시차를 미리 내다보고 고려한다면 고통도 상당히 줄일 수 있습니다. 스승님의 뜻을 좇아 공부하기 시작하던 무렵, 제 상황에 이렇다 할 변화가 금방 나타나지 않아 '들은 거랑 다르잖아.'라는 생각도 했습니다.

어찌나 초조하던지요. 지금의 저는 극단적으로 말하면 '내가 하는 일을 다른 사람이 이해하는 것은 이번 생에서는 무리일지도 모른다. 내세에서 이해를 구하면 그만이다.'라고 생각할 만큼 길게 내다보고 있습니다. 그래서 자신의 활동이 받아들여지지 않을 때도 '뭐, 어쩔 수 없지. 이런 일도 있는 거지.' 하고 평온한 마음으로 받아들일 수 있습니다.

다음 생까지는 아니더라도 예측할 수 없을 만큼 긴 시간을 멀리 내다보며 생각하는 방법은 비즈니스뿐 아니라 인간관계에도 적용할 수 있습니다. 예를 들어 부모와 자식 사이에 빚어지는 불화는, 저 역시 그랬지만, 그야말로 질퍽질퍽한 수렁 같아서 이번 생에는 도저히 해결하지 못할 것처럼 보일 때도 있습니다.

제가 상담했던 사람 중에는 그 불화가 어쩌면 조상이나 전생에서 시작되지는 않았나 싶을 만큼 뿌리 깊은 경우도 있습니다. 그럴 때는 "꼭 이번 생에 풀지 못해도 괜찮지 않을까요? 다음 생에라도 해결할 수 있으면 되니까요."라고 허들을 낮춰 다시 생각해 보라고 권하기도 합니다. 그러면 기분이 편해져서 문제가 저절로 해결될 때도 있습니다.

"그렇게 싸워댔는데, 반년쯤 지나자 해결이 나버리더 군요."라는 사례도 많아서 시차를 받아들이는 효과가 얼마나 엄청난지 실감할 수 있었습니다. 결과가 바로 나오기를 바라는 사람은 종종 좌절을 겪습니다. '얼른 결과를 봐야 해.'라는 생각에 사로잡히면 어깨에 힘이 들어가 도리어 일이 꼬입니다.

회사에서도 부하 직원이나 동료, 거래처에서 얼른 결과를 내주기를 바라다가 상대방이 자기 생각대로 움직이지 않을 때 우리는 성급하게 화를 내게 됩니다. 감정은 공기를 타고 다른 사람에게 고스란히 전해지는 법이기에 상대방도 기분이 언짢아집니다. 초조한 나머지 실수가 늘고, 위축되거나 의욕을 잃어서 점점 일의 흐름이 나빠질 따름입니다.

당장 결론을 내놓으라고 안달하는 사람이라면 호흡

을 가다듬고 조금 여유를 가질 수 있도록 주의하세요. 초조한 마음에 휩쓸리지 말고 차분히 기다릴 줄 아는 사람이 강한 운의 주인이 될 수 있습니다.

마음이 초조해지면 "훨씬 먼 미래에 어떻게든 될 테니 괜찮아." 하고 심호흡을 해보자.

내 가치는 얼마인지
돈으로 환산해봐라

직장에 다니거나 사업을 할 때, 수입이나 가격은 '이 정도는 받아야겠다.' 하는 금액을 스스로 먼저 정하고 그 금액으로 사람들에게 물어보는 것이 좋습니다. 회사원이라면 연봉, 자영업이라면 제공하는 서비스의 금액 등이 여기에 해당합니다. 만약 너무 비싸다는 말을 들었다면 그것은 내가 제시한 금액과 회사나 소비자들이 생각하는 금액 사이에 괴리가 있었다는 뜻일 뿐입니다.

제시한 금액에 상대가 난색을 보이면 내 가치가 부정당했

다는 생각에 빠지기 쉽습니다. **내가 제공하는 서비스나 상품과 자신의 가치는 상관관계가 없습니다.** 관계없는 두 가지를 동일시해서는 안 됩니다. 상대방이 그 서비스나 상품을 간절하게 필요로 하지 않았을 수도 있고, 그저 그 가치를 몰랐을 수도 있습니다.

저도 아직 자신을 낮게 보고 있을 무렵에는 원하는 금액으로 가격을 설정하는 데 거부감이 있었습니다. 자신에 대한 낮은 평가와 제공하는 상품을 자기 안에서 하나로 묶어 버리면 제공하는 상품에 대한 자신감마저 없어지게 됩니다. 금액이 어느 정도일 때 나와 계약하거나 내 상품을 살지 상대가 자유롭게 정할 수 있듯이 내 쪽에서도 처음에는 솔직히 원하는 금액에서 자유롭게 시작해 보세요. 거기서부터 실제로 구매자의 반응을 보면서 조정해 가면 됩니다.

실패에 들인 돈은
아까워하지 마라

숱한 경험을 하다 보면 바람직한 습관은 점점 강화되고 잘못된 습관은 하나둘 씻어낼 수 있습니다. '체험'이 '습관'을 고친다는 뜻입니다. 경험이 많은 사람일수록 수정할 기회가 많아서 일이 잘 진행됩니다. 좋아서 하는 일은 잘하게 된다는 말도 있습니다. 그 말을 뜯어보면 좋아하니까 많이 하게 되고, 그러다 보니 경험치가 쌓이고, 그 경험에 비추어 잘못된 습관을 수정할 수 있어 일에 능숙해지므로 곧 그 분야의 달인이 될 수 있다는 뜻입니다. 그런 점에서 성공의 경험보다 실패의 경험이 사실은 더 귀합니다. 잘 풀리지 않았던 경험치가 많은 만큼 그렇게 되지 않기 위해 어떻게 해야 하는지 알 수 있기 때문입니다.

미국 투자 펀드가 투자할 기업을 찾을 때, 더 많은 실패를 경험한 경영자가 있는 회사를 고른다고 합니다. "지금까지 나는 단 하나의 회사도 파산시킨 적이 없습니다."라거나 "입사 후 줄곧 이 회사에서 일해 왔습니다." 라고 득의양양한 미소와 함께 자신감 넘치는 어조로 말하는 사장이 경영하는 회사를 고를 것 같지만 미국에서는 "지금까지 나는 회사 세 개를 망하게 했습니다."라고 말하는 사장에게 출자한다고 합니다. 회사를 파산시킨 경험을 살려서 그 전철을 밟지 않도록 경영을 해 달라는 뜻이 담긴 선택입니다.

사람은 많은 실패를 거쳐 스스로 확인한 것의 전문가가 됩니다. 접객 경험이 많은 만큼 고객을 화나게 했거나 불만을 산 경험 역시 많으므로 접객의 프로가 될 수 있습니다. 영업직이라면 만 번을 거절당한 경험이 있기에 영업의 프로로 우뚝 설 수 있습니다. 도예가라면 도자기를 만 번 깨뜨렸기에 명인이 될 수 있습니다. 실패하든 성공하든 실적이 적은 사람은 전문가라고 할 수 없습니다.

어느 부품 제조 회사에는 '대실패 상'이란 상이 있습니다. 한 사원이 개발한 새로운 상품을 시장에 내놓았지만 크게 실패하는 바람에 반품이 쏟아져서 재고가 산더미를 이루었고, 회사의 한 해 이익이 송두리째 날아가버렸습니다. 완전히 낙담한 사원을 격려하기 위해 사장은 '대실패 상'을 만들어 그 사원에게 수여했습니다. 그러자 사내에서는 '새로운 것에 도전해 실패하더라도 혼나기는커녕 표창을 받는다'는 인식이 퍼져 여기저기서 아이디어가 샘솟았습니다.

사내에는 실패에 기죽지 않고 새로운 것에 도전하는 기풍이 자라고, 실패를 웃어넘길 줄 아는 명랑한 활기가 생겨났습니다. 회사는 실적을 회복하고 업계에서 70퍼센트의 점유율을 자랑하는 히트 상품도 만들어냈습니다. 간부사원은 모두 '대실패 상'을 수상한 경험자들입니다. 사장 역시 '대실패 상'을 탄 적이 있다고 합니다.

사람은 실패할 대로 실패한 분야에서야말로 전문가가 될 수 있습니다. 성공하려면 실패는 반드시 거쳐야 할 과정입니다. 실패를 두려워하면 성공도 없습니다. 앞서 이야기했듯이 만물은 모두 '파도'입니다. 엄청나게 좋은 일은 엄청나게 쓰라린 경험, 낙담한 경험이 있기에 일어납니다. 큰 성공도 큰 실패 위에 성립한다는 점을 잊지 마세요.

문어발 재능의 조합으로
새로운 비즈니스 기회를 만들어라

지금은 컴퓨터가 한 대 있으면 인터넷으로 전 세계와 이어질 수 있는 시대입니다. 개인도 세계와 이어져 비즈니스로 성공을 거둘 기회가 생긴 겁니다. 지금은 없는 새로운 비즈니스도 점점 생겨나고 있습니다. 큰 사업의 가능성이 개인 수준으로까지 넓어졌다는 의미에서는 산업혁명에 버금가는 큰 파도가 밀어닥친 셈입니다.

저는 10년 동안 대학에 근무하다 헤드헌팅을 통해 벤처 회사로 일자리를 옮겼습니다. 반년 후 그 회사는 해체

되었고, 실업자가 된 저는 어찌할 줄 몰라 방황의 시간을 맞이했습니다. 마침 혼인신고를 하고 결혼을 하려던 참이어서 그때의 절망감과 고통은 말로 할 수 없을 정도였습니다. 다행히 얼마 후에 고마운 분의 도움을 받아 주택 감정과 컨설팅, 상담일을 시작할 수 있었습니다.

그때 저는 나만의 독창적인 면을 내세워야 한다고 생각했습니다. 저보다 경험 많은 지관이 많았으니까요. 경험 많고 경력도 화려한 사람들 틈에서 활동하기 위해 내가 할 수 있는 일은 무엇일까. 그것이 남에게 도움이 될 수 있을까. 여러 방면으로 일을 맡아 하는 동안 점차 '나만의 독창적 브랜드'로 위치 선정을 하면 어느 정도 일을 해나갈 수 있으리라는 확신을 얻었습니다. '종교적 깨달음 + 풍수 이론 + 컨설턴트 경험'을 조합하여 차별화된 전략을 세웠습니다. 이런 식으로 자신의 장기, 할 수 있는 일을 조합하여 다리를 여러 개 뻗으면 유일무이한 독창성을 발휘할 수 있습니다.

제가 아는 어떤 사람은 국가 공인 영양사 자격과 안마

사 자격, 이 두 가지를 활용해 신체를 종합적으로 관리해주는 업소를 열기도 했습니다. 또 가사도우미로 청소가 장기였던 어떤 여성은 정리정돈에 서툰 사람들의 고민을 들어주다 상담까지 하게 되면서 지금은 '청소 + 카운슬링'을 무기로 텔레비전 출연과 언론 활동 등 맹활약하고 있습니다. 예약을 잡기도 어려울 만큼 인기가 많다고 합니다. 두 가지 직업을 가진 것은 아니지만 취미가 마술인 영업 사원이 거래처에서 마술을 선보여 뜨거운 반응을 얻게 되자 거래처 여기저기에서 그를 부르려고 야단일 만큼 인기가 많아졌다는 이야기도 들었습니다.

무엇을 어떻게 조합하느냐는 자기 마음대로지만 더 재미있는 일, 더 흥미로운 일을 추구한다면 기회는 점점 늘어납니다. **잘하는 일, 할 수 있는 일끼리 조합하는 이 방법은 자신의 특징을 드러내어 기회를 넓히는 데 도움이 됩니다.** 자신이 할 수 있는 일, 잘하는 일을 모조리 찾아내어 어떻게 조합할 수 있을지 생각해 보면 뜻밖의 기회가 생겨납니다.

Action Plan 자기가 잘하는 일을 하나하나 다 적어서 어떻게 조합할 것인지 생각해 보자. 나만 할 수 있는 독창적인 비즈니스를 찾아낼 수 있을 것이다.

4장

인간관계가
술술 풀리는 습관

대부분의 사람들은 내 편도 아니고 내 적도 아니다.

또한 어떤 일을 하든

자신을 좋아하지 않는 사람들은 있게 마련이다.

모두가 자신을 좋아하기를 바라는 것은 지나친 기대이다.

- 리즈 카펜터

"No"라고 말하는
연습을 해라

　　　　인간관계에서 비롯되는 고민은 참으로 심
오합니다. 대체로 인간관계는 부모와 자식 사이에서 처
음 시작되어 차츰 친구, 남녀, 직장 동료, 이웃으로 관계
가 넓어지고 발전해 갑니다. 여기에 또 결혼을 통해 부
부관계가 생겨나고, 친척 관계도 더욱 복잡하게 얽힐 것
이며, 아이가 태어나면 이번에는 부모가 되어 자식과 관
계를 맺게 되고, 자식과의 관계를 통해 다시 인간관계는
확장되어 갑니다.

　앞에서도 이야기했듯이 저는 애정은 있지만 엄한 부

모님 밑에서 자랐기 때문에 부모 자식 사이의 관계가 팍팍했습니다. 학창시절에는 마음을 허락한 친구도 별로 없고, 취직하고 나서도 일이 불만스럽기만 한 시기가 있었습니다. 그 당시에 인간관계에 얽힌 고민을 풀어줄 방법을 하나라도 알고 있었다면 제 인생도 제법 편해지지 않았을까 생각합니다.

우리의 고통은 대체로 가난과 질병과 다툼, 다시 말해서 경제적 문제, 건강 문제, 인간관계에서 생겨납니다. 그중에서도 다툼을 낳는 인간관계는 특히 중요한 문제입니다. 인간관계는 일상적으로 누구나 마주하고 있는 문제이니만큼 우리 고민의 많은 부분을 차지하고 있습니다.

인간관계의 고민은 모두 다투는 마음에서 생겨납니다. 그러므로 가장 좋은 방법은 되도록 남과 다투지 않는 것입니다. 싸우지 않고, 경쟁하지 않고, 다투지 않아야 합니다. 다툼이 될 것 같으면 그 사람이나 그 자리에서 멀어집니다. 얽히지 않고 거리를 둡니다. 때로는 "죄송합니다. 제가 졌습니다." 하고 백기를 들고 도망치는 것도 한 가지 방법입니다.

하지만 꼭 얽혀야 할 때가 있습니다. 그때는 어떻게 해야 할까요? 자신을 지키고 방어해야 합니다. 방어의 열쇠는 "그만둬."라고 말할 수 있느냐 없느냐 입니다. 인간관계로 고민하는 사람들을 보면 그만두라고 말하거나 거부하는 것을 어려워하는 사람이 많습니다. 왜 어려워할까요? 거부하면 안 된다고, 따라야 한다고, 인내가 사람을 만든다고 부모와 학교와 세상이 가르치고, 기대하고, 강요했기에 그런 생각을 지닌 채 자랐기 때문입니다. 그러한 가르침이 어느덧 우리 마음속에 무의식적인 습관으로 자리를 잡았기 때문에 늘 참기만 하고 본심을 숨깁니다. 저 역시 옛날을 돌이켜보니 그랬습니다.

그러면 "싫어요.", "그만둬요."라고 말하지 않고 참기만 하면 어떻게 될까요. 거짓말하는 습관이 생겨나 버립니다. 사실은 그만두기를 바라지만 그만두라고 말하지 않습니다. 원하는 것이 있어도 원한다고 말하지 않습니다. 그럴 필요도 없는데 참는 것은 자신에게나 남에게나 거짓말을 하는 것입니다. 그렇게 되면 인간관계는 더욱 나빠집니다. 거짓말쟁이의 인간관계니까요. 또 원하는 것이 있어도 늘 참는 사람은 싫은 일을 당하는 횟수가 점점 늘어납니다. 그만두라고 말하지 않으면 상대는 해도 된다고 생각해 같은 일을 몇 번이나 하니까요. 결코 바란 적도 없는데 싫은 관계가 줄곧 이어지고 맙니다.

그러므로 **그 관계를 끝내고 싶다면 일단은 "싫습니다.", "그만두세요."라고 확실하게 표현해야 합니다.** 그렇게 하면 상대에게 미안하다, 상대에게 미움을 받을까 두렵다고 생각할 수도 있습니다. 상대가 어떻게 생각하는가는 제쳐두고 처음부터 분명하게, 정중하게 거부하면 싫은 일을 당하는 횟수는 줄어듭니다.

어느 쪽을 선택할 것인가. 지금 잠깐 참았다가 불쾌한 일을 계속 겪을 것인가, 그렇지 않으면 용기를 내서 확실하게 거절할 것인가. 다소 용기는 필요하지만 자신이 정해야 합니다. 만약 혼자서 맞서기가 어렵다면 주변 사람의 도움을 받아 대처해도 괜찮습니다.

제 강좌의 수강생이던 어떤 여성은 어린 시절부터 부모와의 관계 때문에 줄곧 고민해 왔습니다. 그녀는 강의를 듣고 나서 용기를 내어 자신의 감정을 솔직하게 표현해 보았습니다. 몇 번의 시도가 쌓이고 쌓여 어느 순간부터 싫은 건 싫다고 확실히 말할 수 있게 되었습니다. 사람들과 적절하게 거리를 둘 수 있게 되었고, 인간관계도 예전과는 비교할 수도 없을 만큼 좋아졌습니다.

그만두라고 말할 수 없는(정확히는 말하지 않는 길을 선택한) 사람은 남이 무언가를 해 주면 무의식중에 미안하다고 생각하는 버릇이 있습니다. 말하자면 이런 죄책감이 그 사람의 입에서 "싫습니다.", "그만 하세요."라는 말이 못 나오도록 막고, 그저 참으라고 강요하는 것은 아닐까요.

그런 사람은 누군가가 호의를 베풀었을 때 "죄송합니다.", "면목 없습니다."가 아니라 "고맙습니다.", "덕분에 살았습니다."라는 말을 의식적으로 해보면 좋습니다. 거듭 말하거니와 무의식적인 습관은 '말버릇', '마음 버릇',

'몸 버릇'을 의식적으로 바꿈으로써 고칠 수 있습니다.

일단은 '**미안하다**', '**면목 없다**'는 말버릇과 마음 버릇을 '**고맙다**', '**덕분에 살았다**'고 말하고 생각하는 버릇으로 바꾸어 죄책감을 서서히 누그러뜨려 갑니다. 이어서 싫은 일은 확실하게 싫다고 거부하겠다고 의식적으로 마음을 다잡고, 무의식적인 습관으로 정착시켜 나갑니다. 단 거부 의사를 밝힐 시기나 전달법에는 상대방에 대한 최소한의 경의와 배려가 담겨 있어야 한다는 것을 잊지 마세요. 그렇게 하면 남들에게 공격받거나 싫은 일을 당하는 횟수는 줄어듭니다.

Action Plan   '미안합니다', '죄송합니다'란 말이 습관적으로 나올 것 같으면 '덕분에 살았어요', '고맙습니다'로 바꾸어 말하자.

상대와의 차이는
조정으로 좁혀나간다

애초에 왜 '다툼'이 일어날까요. '나'와 '남'은 가치관이나 신념, 상식이 다르기 때문입니다. 인간 한 사람 한 사람이 모두 다릅니다. 그래서 두 사람 이상이 함께 있으면 어김없이 괴리가 생겨납니다. 이 괴리, 즉 '차이'가 클수록 사람은 고민에 빠지게 됩니다.

예를 들어 여기에 A와 B, 두 사람이 있다고 합시다. A는 남과 마주할 때 서로 5미터는 떨어져 있어야 한다고 생각합니다. 그가 세운 기준보다 더 가까이 다가가면 불쾌감을 느낍니다. 한편 B는 남과의 거리는 1미터 정도가 딱 좋다고 생각합니다. 그 정도는 가까워야 서로 이해할 수 있다고 생각합니다.

A와 B가 만났을 때, B는 '사람 사이의 거리는 으레 1미터'라고 생각하기 때문에 성큼성큼 다가갈 것입니다. 반대로 A는 5미터는 떨어져 있어야 한다고 생각하기 때문에 거리를 두려 합니다. 이런 두 사람은 좀처럼 서로를 이해하지 못합니다.

"그쪽에서 내 기준인 5미터에 맞추라고요."

"댁이야말로 내 기준인 1미터에 맞추세요."

서로 만나자마자 신경전을 벌이다가 급기야는

"5미터라니 말도 안 돼."

"보통은 5미터지. 1미터라니, 당신이 틀렸어!"

라며 대립각을 세워 버리니 단순한 '다름'이 '틀림'이 되고 맙니다.

이런 종류의 다툼에 대처하려면 앞서 말했듯이 생각이 크게 다른 사람과는 얽히지 않도록 하는 것이 한 가지 방법이고, 자신의 생각만을 고집하며 내 영역을 침해하는 사람에게 그때마다 그만하라고 꾸준히 말하는 것이 또 다른 방법입니다.

하지만 **좀 더 능동적으로 인간관계의 고민을 끝내는 방법이 있습니다. 그것은 '조정'이라는 방법입니다. 서로 상반된 주장을 대화를 나누면서 상대와의 거리를 조정해 가는 방법입니다.** 도망을 치거나 한껏 방어해서 어떻게든 인간관계에 얽힌 문제가 해결된다면 좋겠지만 직장이나 학교, 아이들 때문에 어쩔 수 없이 함께하는 학부모 모임 등, 도망이나 방어가 통하지 않는 인간관계가 압도적으로 많은 현실을 고려할 때 이 '조정'에 무게를 둘 필요가 있습니다.

중요한 것은 반드시 말로 확인하는 것. "보면 알겠지.", "말 안 해도 알아차리겠지."가 통하지 않습니다.

"나는 1미터가 좋아."

"나는 5미터가 아니면 싫어."

이렇게 먼저 서로의 차이를 확인하고, 대화를 통해 상호 동의를 얻습니다.

"그럼, 일단 5미터 거리를 두고, 거기서부터 조금씩

좁히기로 하자."

"난 좀 더 가까웠으면 좋겠는데."

"그럼 50센티미터 더?"

이런 식으로 서로 확인하면서 조정해 가는 겁니다. 그렇게 하면 이윽고

"자, 그러면 3.5미터는 어때?"

"응. 그 정도면 나도 좋아."라고 서로 양보할 수 있는 지점을 찾아낼 수 있습니다.

정리하자면 ① 차이를 확인하고 → ② 타협을 위해 서로 동의를 얻고 → ③ 조정하는 순서를 따릅니다. '조정'과 '동의'를 착실하게 반복하는 가운데 협력관계가 맺어지기도 합니다. 한 가지 주의해야 할 것은 두 번째, 동의를 얻는다는 점입니다. 어느 한쪽이 일방적으로 옳은 것이 아니라 어느 쪽이든 옳다는 자세로 서로 동의할 수 있도록 정중히 그 과정을 실행에 옮겨야 합니다.

"나는 이렇게 하고 싶으니까 이거면 됐지?"라고 하면 동의가 아니라 강요가 되어 버립니다. 상대의 처지가 약

인간은 한 사람 한 사람 다르므로 조정이 필요

인간은 저마다 가진 상식의 세계가 다르다

A의 상식

남과의 거리는 5m

B의 상식

남과의 거리는 1m

자신의 상식을 밀어붙이면···

양쪽이 머리를 맞대고 조정하면···

당연히 5미터지!

보통 1미터잖아!

양쪽 다 만족할 수 있는 지점을 찾자

3.5m

싸움이 된다

원만히 해결된다

자, 즉 을의 입장이라면 "응."이라고 고개를 끄덕일 수밖에 없습니다. 그렇게 하는 것이 아니라 "~해도 되겠습니까?", "이렇게 하면 어떨까요?"라고 상대의 의견을 들어가면서 이야기를 진행해야 합니다. 영어라면 "Can I~?"가 아니라 "May I~?" 구문이겠지요. 창문을 열고 싶을 때, "창문 좀 열어도 되겠죠?"라고 할 때와 "창문을 열어도 괜찮을까요?"라고 물었을 때 상대가 받는 인상은 무척 다릅니다.

모든 다툼의 원인은
상식의 차이

사람과 사람이 다투는 것은 자신의 '상식'과 상대의 '상식'이 다르기 때문입니다.

A에게는 '사람 사이의 거리는 5미터'가 '상식'이지만, B에게는 '사람 사이의 거리는 1미터'가 상식입니다. 어느 한쪽이 옳고 어느 한쪽은 틀린 것이 아니라 양쪽 모두 옳을 수도 있고 틀릴 수도 있습니다. 정답은 없습니다.

식사를 젓가락으로 먹어야 당연한 나라가 있는가 하면 나이프와 포크로 먹어야 당연한 나라도 있습니다. 손으로 먹는 나라도 있습니다. 어느 나라 방식이 옳고 어느 나라 방식이 틀릴 수는 없는 이야깁니다.

이처럼 사람은 모두 자신의 '상식'이 있습니다. 그 '상식'을 부정하고 "이게 보통 당연한 거라고.", "그게 아니라 이렇게 해야 해!"라고 상대방에게 자신이 상식이라고 믿는 것을 강요해 버리면 인간관계에 '다툼'이 생겨납니다.

내 '상식'은 상대의 '상식'이 아닙니다. 안타깝게도 내 '상식'이 상대의 '상식'과 완전히 일치하기란 절대로 불가능합니다. 내 '상식'은 평생이 걸려도 타인에게 이해받지 못하고, 상대의 '상식'도 평생토록 완전히 이해하지 못하는 경우도 비일비재합니다.

왜냐면 우리는 태어난 장소, 자란 환경, 교우관계, 출신 학교, 취미, 좋아하는 음식이 모두 다르기 때문입니다. 설령 '닮았다'는 생각이 드는 사람과 우연히 맞닥뜨리더라도 완전히 똑같을 수는 절대로 없습니다. 만약 똑같다고 느꼈다면 단순한 착각입니다.

내 '상식'을 상대에게 밀어붙이기만 하면 다툼이 생깁니다.

상대의 '상식'을 강요받아도 다툼이 생깁니다. 상대의 '상식'과 싸우지 않아야 합니다. 내 '상식'으로 상대를 책망해서도 안 됩니다. 그러면 어떻게 해야 할까요. 앞서 말한 '조정'이 그 답입니다.

"이 정돈 말 안 해도 알겠지?", "이런 건 당연하잖아." 라는 말은 이제 그만. 자신의 '상식'을 말이라는 공통 도구에 제대로 실어 제시하세요. 상대의 '상식'도 말로 제대로 전달받아야 합니다. 그리하여 "그럼 어떻게 할까?", "함께 생각해 보자."라며 서로 협력하고 대화하면서 조정을 거쳐 새로운 '두 사람의 상식'이나 '팀의 상식'을 만드는 겁니다.

"그럼 너랑 나 사이의 거리는 3.5미터로 하면 될까?"

"그렇게 해."

라고 새로운 '상식'을 정했다면 그것이 두 사람 사이의 '상식'이 되어 다툼이 없어집니다. 그 새로운 '상식'도 시간이 흘러 현재 상황에 어울리지 않게 되면 다시 둘이서 재검토하면 됩니다. 우리가 일상적으로 경험하는 인간관계의 골칫거리는 대부분 서로 간에 새로운 '상식'을 만들지 않고 자기가 믿는 '상식'을 옳다고 서로 밀어붙이는 데서 비롯되는 게 아닐까요.

말하지 않아도 알아서 해주는
사람은 없다

한 친구의 이야기입니다. 첫 아이가 태어났을 때, 친구와 그의 아내 사이에 무서우리만치 깊은 골이 생겼습니다. 친구는 아이를 낳아본 적이 없으므로(당연하지요), 아이를 낳은 아내의 마음을 전혀 알지 못했습니다.

아내 쪽은 "내가 어떻게 해 주길 바라는지, 그런 건 말 안 해도 보면 알잖아!"라는 생각으로 남편을 대했고, 친구는 자기 나름대로는 힘껏 협력했다고 생각했습니다. 둘 사이에 대화는 사라지고 자신의 처지를 한탄하고 상대방을 원망하며 으르렁대는 일만 늘어갔습니다. 실제로 둘은 협력관계를 맺지 못했습니다. 아내는 안달복달, 남편은 허둥지둥, 어떻게 해야 할지를 몰라 육아란 이렇게 어려운 거구나 생각했다고 합니다.

그래서 둘째 아이가 태어났을 때는 아내에게 많이 묻고 들었습니다. 과거의 경험을 반복하기는 싫었던 거죠. 다행히 대화가 이루어졌고 서로 조정하면서 문제 해결에 나섰습니다. 제가 권한 대로 커다란 화이트보드를 하나 사서 집에 놓고, 문제를 '가시화'했습니다.

"이럴 땐 어떻게 해 줬으면 좋겠어?"

"그럼 이럴 땐 어떻게 할까?"

"지금은 어떻게 해 주길 바라는지 말해 줘."

하나하나 물어보면 어떻게 해 주기를 바라는지, 자신이 무엇을 놓쳤는지 알 수 있지만 묻지 않으면 영원히 알 수 없습니다. 첫 아이 때의 고민을 교훈 삼아 둘째 아이는 서로 양보하고 조정하며 키울 수 있었기에 친구의 가정에서는 쓸데없이 안달복달하고 허둥지둥하는 일이 없어졌습니다.

소통의 본질은 서로 자신의 '상식'을 제시하고 조정해 가는 데 있습니다. 소통이 잘 이루어지지 않을 때는 언제일까요. 서로의 '상식'을 모를 때, 그리고 그것을 제시해도 상대에게 전달되지 않고 조정이 이루어지지 않을 때입니다.

상대의 '상식'을 모를 때는 하나하나 철저하게 묻고 들어보는것이 바람직합니다. 분위기를 보고 눈치껏 알아차리란 생각이 오해를 낳는 가장 큰 원인이므로 설령 눈치 없는 사람이라는 소리를 듣더라도 기죽지 말고 상대에게 물으세요. 그리고 자기 이야기도 하세요. 말로 주고받는 것이 무엇보다 중요합니다.

Mind Plan	사람 수만큼 다양한 종류의 상식이 있다고 생각하자.
Action Plan	조정 도구로써 한 집에 한 개씩 화이트보드를 들여놓자.

인간관계에도
데이터 분석이 필요하다

그래도 소통이 원활하지 않았다면 내가 한 말이 상대에게 제대로 전달되지 않았을 가능성을 생각해 볼 수 있습니다. 물론 상대의 말이 이해하기 어려워서 내게 전달되지 않을 때도 있지만 그보다는 내 전달 방식에 원인이 있다고 생각하는 편이 낫습니다. 결코 자신을 탓하라는 말이 아닙니다. 오히려 그 반대입니다. 상대를 탓하는 한 상황은 상대가 하는 대로 흘러갈 뿐이므로 좀처럼 나아지지 않습니다. 하지만 기본적으로 자기에게 문제가 있다고 생각하고 전달법을 좀 더 고민한다면 잘 풀릴 가능성이 높아집니다.

'이렇게 말해 보았지만 이렇게 되었다.'

'이렇게 전달했더니 이렇게 되었다.'

라는 데이터를 리트머스 시험지처럼 계속 많이 모으다 보면

'이 사람에게는 이렇게 말하면 된다.'

'이럴 때는 이렇게 전하는 것이 좋을 수 있다.'

라는 가설을 세울 수 있게 됩니다.

발명왕 에디슨은 만 번의 실패를 겪었다고들 하지만 본인 입으로는 한 번도 '실패했다'고 말하지 않았습니다. '잘 풀리지 않는 방식을 만 가지나 알게 되어 다행'이라고 했습니다. 그런 의미에서 '몇 번이나 말했지만 알아주지 않는다'로 끝나는 상황은 데이터로서 매우 좋습니다. 그 방식으로는 잘 풀리지 않는다는 것을 알 수 있기 때문입니다. 그러니 거북한 상사가 있다면 인간관계 기술을 갈고닦을 좋은 기회입니다. 그 상사와 거북한 상태로 얽혀 지내는 가운데 매일 데이터를 모으고 가설을

세워서 길을 모색해 갑니다. 필요한 것은 참을성이 아니라 지혜입니다.

"해야 할 일은 전부 했다."

라는 사람도 있지만 과연 만 가지 방법을 다 써보았을까요.

굳이 엄격하게 말해 보자면 몇 가지 방법을 써본 정도로 전부 했다니, 좀 더 지혜를 짜내세요, 라는 이야깁니다. 상대와 소통을 정말로 하고 싶다면 반복적으로 데이터를 분석하면서 어떻게 전달할 것인지, 그 방법을 깊이 궁리해 보세요.

일반적으로 일은 '무엇'을 하는가보다 '누구와' 하느냐가 중요할 때가 있습니다. 아무리 힘든 일일지라도 훌륭한 동료가 있다면 할 수 있지만, 함께 일하는 사람이 엄청 싫은 사람이면 아무리 흥미 있는 일일지언정 싫어지기 마련입니다. 직장의 인간관계를 두고 말하자면 저는 기본적으로 '자기에게 딱 맞는 직장은 없다'고 생각합니다. 자신에게 맞는 직장은 어딘가에 안성맞춤으로

인간관계는 데이터 모으기부터!

이건 이렇게 되었다.

이렇게 말했더니 이렇게 되었다.

흠

흠

내가 한 말에 따라 상대가 어떻게 반응했는지 데이터를 모아 보면
상대를 어떻게 대해야 할지 알 수 있다.

기다리고 있는 것이 아니라 스스로 만들어갈 수밖에 없습니다.

인간을 중심으로 생각한다는 의미에서 환경도 그렇습니다. 인간이라는 존재에 존경심을 품고 있는가, 사람을 톱니바퀴로만 다루는 직장은 아닌가 따져봐야 합니다. 위계에 의한 괴롭힘, 성희롱이 판치는 환경이라면 재빨리 떠나는 것이 현명합니다.

그래서 소통, 지혜, 교섭, 조정이 필요합니다. 역경에 처할수록 궁리 끝에 짜낸 지혜를 시험받으므로 자신의 능력을 꽃피울 수 있습니다. 그야말로 '고생 많은 직장 만만세!'지요. 단 그 직장이 사람을 귀하게 여기지 않는 악덕 회사거나 상사가 사람을 함부로 대하는 사람이라면 떠나는 편이 좋습니다.

"예, 그렇군요"만 잘해도
다툼이 줄어든다

인간관계에서는 비난을 받거나 싫은 소리를 들을 때가 종종 있습니다. 저도 습관의 힘을 깨닫기 전까지는 남을 헐뜯는 말, 남 탓하는 말, 잘못의 책임을 남에게 돌리는 말을 입에 달고 살았습니다. 그만큼 남들로부터 험담도 많이 들었습니다.

남에게 싫은 소리를 들으면 바로 되받아치고 싶겠지만 그것이 '습관'이 되면 다툼의 '네버엔딩 스토리'가 펼쳐집니다. 인간관계에 얽힌 고민에 발목 잡히고 싶지 않다면 그런 버릇은 버리고 새로운 습관을 만드는 것이 좋습니다. 사실은 남에게 어떤 말을 듣든 개의치 않는 사람이 되면 좋지만 그렇게 할 수만 있다면 아무도 고생을 하지 않겠지요.

"이젠 정말이지 절대로 신경 쓰지 않겠어!"

라고 말하는 것은 사실 남의 말에 엄청나게 신경을 쓰고 있다는 뜻입니다. 사람의 얼굴에 입이 하나이고 귀가 두 개인 이유는 남의 말을 잘 들으라는 의미라고 합니다. 다른 사람의 말을 잘 듣기를 바라기는 어렵더라도 세상을 향해 뚫려 있는 자신의 귀를 막아버릴 수는 없는 법. 그러므로 나와 상대의 '상식'은 다르다는 기본으로 되돌아가서 일단은 상대와의 관계를 다시 파악하는 일부터 시작하는 것이 좋습니다.

나와 상대는 저마다 알고 있는 '상식'이 전혀 달라서, 각각 완전히 다른 '상식'의 세계에 살고 있습니다. 상대의 말이나 행동이 내게는 아무리 부조리하게 느껴져도 상대의 머릿속에서는 아귀가 딱딱 맞아떨어집니다. 그건 나도 마찬가지입니다. 선택할 수 있는 것 중 가장 좋아 보이는 것으로, 이것만이 최선이다 싶은 것을 골라서 말하거나 행동합니다. 상대가 나 잘되라고 한 말이나 행동이라도 반드시 내 상식과 일치하는 경우는 좀체 없습니다. 남이 나와 다른 생각과 행동을 하더라도 당연한 일입니다. 그러므로 **상대가 어떤 일을 두고 나를 비난했다면 '이 사람은 지금 이게 옳다고 믿고 이렇게 말하는구나.'라는 정도로 생각해서 흘려 넘기는 것이 중요합니다.**

혹은 상대가 무슨 말을 한다면

"예, 그렇군요. 그렇게 생각하셨군요."

라고 내용만 이해하면 됩니다. 이해만 하면 되지 그것이 옳은지 그른지 판단할 필요는 전혀 없습니다. 이 사람은 이렇게 생각한다는 점을 이해하고, 그 점을 사실로서 받아들이기만 하면 됩니다. 그 의견을 내가 어떻게 다룰 것인가는 전혀 다른 문제입니다. 그 의견에 고스란히 동의해 상처를 받는 것도 내 자유이고, 한 가지 참고 의견으로 받아들여서 "고맙습니다. 덕분에 공부가 되었습니다." 하고 끝내는 것도 자유입니다. 물론 '정말이지 아무래도 상관없다는 말이잖아.'라고 그대로 무시할 자유도 있습니다.

저는 기본적으로는 무시해도 된다고 생각합니다. 남이 어떤 험담을 하더라도 "예, 그러셨군요."라고 받아치고 무시할 때가 90퍼센트쯤 되지 않을까요. 상대는 이쪽 사정을 전혀 모르니까요. 설령 상대가 가까운 사람이라고 해도 어차피 남, 남이 내 생각과 환경과 살아온 역사와 상식을 모두 이해하고서 말할 리는 없습니다. 상대가 마치 '정답'이라도 되는 듯 내게 말하더라도 그 '정답'은 상대의 '상식' 속에서나 '정답'일 뿐입니다. 상대는 그저 하고 싶은 말을 할 뿐입니다. 따라서 그 말에 동의해 받아들여도 되고, 받아들이지 않아도 됩니다. 왜냐면 상대도 그렇게 하니까요.

"예, 그렇군요."를 달리 말하면 "예, 당신 생각은 그렇군요. 제 생각은 다릅니다만……."입니다.

그런 자세로 대하다 보면 남의 비판을 받더라도 마음이 꺾이지는 않습니다.

무시하지 않는 10퍼센트에 대한 이야기를 덧붙이자면 내 상태나 사정을 잘 이해하는 사람의 고언 가운데 '이건 확실히 인정할 수밖에 없다.' 싶은 말은 약간 듣기 거북하더라도 참고하거나 받아들이는 것이 좋을 듯합니다.

상대의 말을 자기 식대로
해석하지 않는다

우리는 저마다 자기가 아는 '상식'의 세계에 살고 있으므로 상대가 한 말을 받아들일 때, 자신의 '상식' 안에서 멋대로 그 말을 변환해 버릴 때가 많습니다. 컴퓨터로 한자를 입력할 때, 종종 터무니없는 한자로 잘못 입력할 때가 있습니다. 그것과 마찬가지로 우리도 남에게 들은 말이나 당한 행동을 받아들일 때 종종 터무니없는 변환 오류를 일으킵니다. 특히 내 안의 어떤 죄책감이나 열등감, 피해의식 등 부정적인 '습관'이 있으면 그야말로 간단히 변환 오류가 발생해 버립니다.

유난히 오류가 잦은 것이 다음과 같은 말들입니다.

⑴ 아무개에게 '그런 말을 들은 것 같다'

→ (사실) 상대는 '그런 말을 하지 않았다'

⑵ 아무개에게 '그런 말을 들었다'

→ (사실) 상대가 '그런 말을 했다'

⑶ 아무개에게 '그런 일을 당한 것 같다'

→ (사실) 아무개는 '그런 일을 하지 않았다'

⑷ 아무개에게 '그런 일을 당했다'

→ (사실) 아무개가 '그런 일을 했다'

우리는 늘 사실을 왜곡하여 자기 안에서 멋대로 바꿔치기해버리기 때문에 이런 변환 오류가 일어나지 않도록 주의해야 합니다. 또 '들었다', '당했다'라고 호들갑스러운 수동태로 받아들이는 것도 주의할 필요가 있습니다. 이것이 '습관'이 되어 버리면 늘 피해의식에 사로잡히고 맙니다. 왜곡 없이 받아들여 생각해 보면 그리 큰 일이 아닐 수도 있습니다. 상대는 단순히 '했다', '말했다'일 뿐인데 '당했다', '들었다'로 생각했을지도 모릅니다. '당한 것 같다'라고 표현했을 때도 거의 다, 어쩌면 99.9퍼센트 가깝게 상대는 그렇게 하지 않은 경우였습니다. 변환 오류를 전제로 행동에 나서면 이야기는 더 꼬일 따름입니다.

이것을 막으려면 '~한 것 같다'라고 느낀 상대에게 제대로 묻고 들어서 그것이 사실인지 아닌지 그 진의를 확인할 수밖에 없습니다.

"한 번 더 말씀해 주세요."

"왜 그렇게 하셨죠?"

"그건 어떤 의미인가요?"

질책하는 말투가 아니라 순수하게 사실을 알고 싶다는 느낌으로 담담하게 물어보세요. 상대의 말이나 행동을 자신의 '상식'으로 옳고 그름을 판단하는 것은 우리의 나쁜 습관입니다. 멋대로 단정 짓기보다 사실을 정중히, 섬세하게 확인하다 보면 어지간한 오류는 막을 수 있습니다.

"오해는 다툼을 낳고, 이해는 조화를 낳는다." 인간관계에서도 늘 의식해야 할 말입니다.

 '어쩔 수 없이 해야 했다', '당했다', '들었다', '그렇게 말할 수밖에 없었다' 등 상대의 말을 마음속에서 멋대로 수동형이나 사역형, 명령형으로 바꾸지 말 것.

이상형도 말버릇, 마음 버릇, 몸 버릇을 일치시켜야 만난다

인간관계 중에서도 많은 사람이 관심을 기울이는 것이 연애입니다.

제게 상담을 받고 마음에 두었던 사람과 결혼한 친구의 이야기를 해볼까요. 그는 직장에서 아내가 될 여성과 만났는데, 함께 일을 하는 동안 '결혼한다면 이 사람이다!' 하고 마음을 정했다고 합니다.

그때부터 행동(=몸 버릇), 말(=말버릇), 생각(=마음 버릇)을 철저하게 일치시켜서 결혼이라는 목표를 향해 돌진했습니다. 즉 그 사람에게 마음을 활짝 열어 대하고, 호의를 입에 담고, '꼭 결혼하겠다'고 마음에 맹세했습니다. 또 주변 환경 정리정돈에 신경 쓰고, 상대방이 편한 날과 가장 좋아하는 장소를 골라 데이트를 했습니다. 미리 소원이 성취된 미래를 설정해서 행동에 옮긴 것입니다.

행동(=몸 버릇), 말(=말버릇), 생각(=마음 버릇)을 일치시킨 데다 자기 나름대로 할 수 있는 모든 노력을 다했으니 어지간히 효과가 강력했겠지요. 그는 축복 속에 결혼식을 올렸습니다. 행동과 말과 생각이 들쭉날쭉해지는 '하지만', '그렇지만', '어차피' 같은 망설임의 요소가 끼어들 여지를 잘 없앤 결과입니다.

얼마 전 지인에게서 연애나 결혼 상대에 대한 재미있는 이야기를 들었는데 이 자리에서 소개할까 합니다.

지인이 여자들로만 이루어진 친구들 모임에 참석했을 때 일입니다. 한창 이야기를 나누던 중에 한 사람이 멋진 결혼을 하고 싶다며 이상형의 조건을 종이에 적어 보여주었다고 합니다. '생각'을 더 선명하게 만들어 바람이 현실로 바짝 다가오게 하려는 것입니다. 그녀가 생각한 이상형의 조건은 이랬다고 합니다.

⑴ 쇼핑에 기꺼이 따라나서 주고, 친구들과 하는 일을
함께 해줄 수 있는 사람.

⑵ 함께 카페를 돌아다니며 달콤한 디저트를 먹어 주
는 사람.

지인은 '연인의 마음을 잘 알아주는 자상한 남자가 이
상형인 모양이구나.'라고 생각했다고 합니다. 그로부터
얼마 후, 또 그 친구와 만나게 되었는데, 그때 '만약 자기
에게 연인이 생겼다면 그 사람에게 해 주고 싶은 것은?'
이라는 화제로 대화를 나누었다고 합니다.

그 친구의 대답은 다음과 같았습니다.

⑴ 근육 단련 메뉴를 짜 준다.

⑵ 어울리는 운동복을 골라 준다.

⑶ 일에 몰두할 수 있도록 환경을 정리해 준다.

이런 대답을 들었을 때 머릿속에 떠오르는 남자는 어
떤 사람일까요.

스포츠맨 타입의 활동적인 남성상이 떠오르지 않나

요? 지인은 영문을 알 수 없어 친구에게 진짜 속마음이 어떤지 물었다고 합니다.

"그렇게 해 주고 싶은 남자가 요전에 말한 함께 카페를 간다거나 디저트를 먹으러 다니는 남자와 같은 사람이야?"

그 말을 듣고 친구도 화들짝 놀랐다고 합니다.

자기 안의 이상형과 실제로 함께 지내고 싶다고 상상한 남성상이 다르다는 사실을 그제야 깨달았으니까요.

"내 마음부터가 일치되지 않는 구석이 있었으니 그렇게 헤매고 고민했던 거구나."라고 그녀는 한탄하듯 말했다고 합니다.

결혼하고 싶다, 멋진 상대를 찾고 싶다고 말은 하면서 그 목표를 향해 쉽사리 발걸음을 내딛지 못하는 까닭은 자기 안에 마음 버릇이나 말버릇이나 몸 버릇이 일치하지 않는 부분이 있기 때문일지도 모릅니다.

결혼하고 싶다면서 결혼하기 위한 어떤 노력도 하는 기색이 없고, 연애하고 싶다면서 늘 이성에 흥미가 없는 듯 굴고. "결혼할 때가 되지 않았니?", "옆집 딸은 가을에 결혼한다는데, 넌 사귀는 사람 없어?", "너 올해 몇 살이니?" 주변에서 귀에 못이 박히도록 잔소리하니 '꼭 결혼해야 한다'고 생각은 하겠지요. 하지만 본심으로는 연애나 결혼을 하고 싶은 마음은 없고, '지금 이대로가 가장 맘 편하고 좋아.'라고 생각하고 있을지도 모릅니다.

자신의 행동, 말, 생각을 제대로 돌아보고 그 세 가지가 정말로 일치하는지 잘 분석해 보면 어떨까요. 본심은 뜻밖에 다른 곳에 있을 수 있습니다. 그것을 모른 채 행동과 말과 생각이 일치되지 않는 상태가 계속되면 점점 위화감만 들 뿐입니다.

결혼해도 됩니다. 하지 않아도 되고요. 연애해도 됩니다. 하지 않아도 되고요. 어떤 쪽이든 괜찮다, 그런 평온한 상태로 일단 돌아갑시다. 어느 선택을 하든 괜찮다고 느긋하게, 유연하고 자연스럽게 있어야 그때그때의 본심이 보입니다.

소소한 부탁의 말은
호감을 불러일으킨다

"어떻게 해야 연애가 잘 풀릴까요?"라는 질
문을 종종 받지만, 저라고 딱히 연애 전문가는 아니어서
조언하는 데 한계가 있습니다. 다만 연애도 인간관계의
하나이므로 인간관계가 좋아지는 방법을 쓰면 연애도
잘 풀리지 않을까 생각합니다.

모든 인간관계에 있어 전제가 되는 것이 있습니다. 한
마디만 하자면 마음이 닫힌 사람과는 좋은 인간관계를
맺을 수 없습니다. 인간관계나 연애나 '인연'이 중요합
니다. 누군가와 만나더라도 마음이 닫혀 있으면 '인연'

으로 발전하지 않습니다. '또 만나볼까.', '밥이라도 같이 먹자고 한번 말해볼까.' 하는 마음이 들지 않으니까요.

제가 아는 사람 중에 매우 개방적인 여성 경영자가 있습니다. 그녀는 누구에게건 항상 웃는 얼굴로 호의와 선의를 담아 대합니다. 그러면 상대도 똑같이 호의와 선의를 되돌려줍니다. 남녀를 가리지 않고 인기가 많은 사람입니다.

얼굴에 미소가 넘치는 사람에게 화를 내고 찌푸린 얼굴로 응대하는 사람은 없습니다. 미소를 지으면 어쨌든 상대도 미소로 응하기 마련입니다. 그리고 그 사람은 남에게 기대거나 응석을 부리는 데도 매우 능숙합니다.

예를 들어 처음 만난 사람에게도 아무렇지도 않게 "이거 부탁드려요!"라는 말로 일을 부탁해 버립니다. 결코 위압적으로 강요하지도 않고, 그렇다고 질척거리며 매달리지도 않습니다. 당신이니까 부탁하고 싶다는 그녀의 마음이 넘치도록 전해져 자연스럽기만 합니다. 으레 가정이나 학교에서 '남에게 폐를 끼치면 안 된다', '자기 일은 자기가 알아서 해야 한다'고 배웠던 만큼 그녀의 그런 행동을 보면 깜짝 놀라는 사람도 있을지 모릅니다. 하지만 의외로 그녀의 부탁을 받은 사람은 남자든 여자든 기쁜 표정을 짓습니다. 사실 남에게 부탁을 받거나 응석을 받아주는 것은 기쁜 일입니다.

'전혀 남에게 의지하지 않는다.'라는 말은 어떤 의미로는 상대를 신뢰하지 않는다는 말의 다른 표현입니다. 한편 남에게 의지한다는 것은 '당신이 필요하다.'라고 말하는 것과 똑같습니다. 남이 나를 필요로 할 때 인간은 매우 큰 기쁨을 느낍니다. 그녀의 행동은 상대에게 기쁨을 주었습니다. 그래서 남녀를 가리지 않고 인기가 많았던 겁니다. 상대에게 기쁨을 안기면 상대도 친절을 베풉니다. 기쁜 만큼 친절해지고 싶은 건 당연한 일이지요. 상대가 친절을 베풀면 그녀는 만면에 웃음을 띠고 "고마워요."라고 합니다.

인연과 거리가 먼 사람은 상대가 내민 호의를 곧잘 "아뇨, 저 같은 사람에게 무슨.", "아뇨, 필요 없습니다." 라며 거절하고 맙니다. 배려에서 비롯된 겸허함이지만 그 깊은 속이 상대에게는 좀처럼 전달되지 않습니다. 상대로서는 기껏 친절을 베풀었는데 거부당했으니 호의를 보이기가 싫어지겠지요. 남이 손을 내밀었을 때, 진심 어린 미소와 함께 "고맙습니다." 하고 기꺼이 받아들이면 인간관계가 한결 좋아집니다.

상대에게 의지한다는 것은 생각하기에 따라서는 '빚'을 지는 셈이니 '빚'을 갚을 계기를 만들 수 있습니다. 연애라면 신경 쓰이는 사람에게 "요전에 신세를 졌으니 답례로 밥이라도 한 끼 사드리고 싶습니다."라고 권하기 쉬워집니다. 인연을 맺는 데 이만큼 쉽고 좋은 방법도 없습니다.

앞서 이야기한 여성 경영자도 "얼마나 많은 사람의 힘을 빌릴 수 있는가가 중요해요. 그게 인연으로 이어지니까요."라고 유쾌하게 말한 적이 있습니다. 남의 힘을 빌릴수록 나의 고마운 마음과 상대의 기쁜 마음이 어우러져 인연도 깊어집니다.

열린 마음으로 상대를 대하고 선의로써 올곧게 마주

합니다. 상대를 신뢰하고, 친절을 베풀면 "고맙습니다." 하고 순순히 받아들입니다. 그렇게 하면 연애는 물론 많은 인간관계가 잘 풀려나갈 것입니다. 모두에게 처음부터 활짝 열린 마음으로 대하기가 걱정된다면 처음에는 모두에게 조심스럽게 마음을 열어 대하는 방법도 있습니다. 궁금한 사람에게는 조금 더 마음을 열고, 아니다 싶으면 닫아버리세요. 수도꼭지처럼 조절해 가면 됩니다.

물론 다가오는 사람 중에는 인연을 맺고 싶지 않은 사람도 있기 마련입니다. 나를 이용하려는 사람, 함께 있어도 즐겁지 않은 사람, 거짓말하는 사람 등 종류도 다양하지요. 그럴 때는 그런 사람이라고 깨달은 시점에서 마음을 닫으면 됩니다.

지레짐작하지 말고
직접 묻는다

이 사람이다 싶은 사람이 눈에 띄어도 좀처럼 연애로 이어지지 않는 사람이 있습니다. 그런 사람이라면 상대가 이 관계를 연애로 발전시키고 싶은 마음이 있는지 없는지 재빨리 용기를 내서 물어보는 것도 한 가지 방법입니다.

인연과 거리가 먼 사람들을 보면 '그런 것은 상대가 묻기 전에 먼저 묻지 못한다'는 공통점이 있습니다. 왜 묻지 못할까요? 창피해서 그렇습니다. 쑥스럽고, 어떤 대답을 들을지 겁도 납니다. 그런 마음, 충분히 이해할 수 있습니다. 겨우겨우 물어보려 용기를 내도 입이 떨어지지 않거든요. 어쩌다 한번 시도해 보았어도 다시 또 하려면 역시 무섭지요. 하지만 두려움을 안고 보내는 나날은 또 얼마나 괴로운가요.

내가 원하지 않는 결과를 알게 될 바에야 모르는 채로 있는 편이 낫다는 생각이 무의식적인 '습관'이 된 것입니다. 그런 사람은 상대가 말해 줄 때까지 언제까지고 기다립니다. 하염없이 기다리기만 합니다. 이것저것 멋대로 상상하고 고민하면서. 하지만 인생은 꼭 연애가 아니더라도 무슨 일이든 그저 '기다림'에 맡겨만 놓아도 될 만큼 녹록지 않습니다.

상대에게 자신을 떠맡기는 셈이므로 스스로는 아무것도 하지 못합니다. 그저 기다리기만 하는 그 시간 동안 마음은 두근두근, 조마조마, 휘둘릴 뿐입니다. 그런 불안정한 심정을 견디다 못해 '연애 따위 안 하는 게 낫다.'는 생각이 들기도 합니다. '떨어질까 무서우니까 아무 데도 원서를 내고 싶지 않아.'라는 것과 마찬가집니다. 하지만 그래서야 앞뒤가 뒤바뀌었다고 할 수밖에 없습니다.

그럴 바에는 마음먹고 확인해보는 것이 낫지 않을까요. 상대의 일은 상대가 결정합니다. 내 일은 내가 결정하듯이 말입니다. **상대의 마음이 이미 정해져 있는데 확인하지 않는다면 그만큼 그저 기다리는 시간이 늘고 스트레스만 쌓일 뿐입니다.**

 물음은 한순간이요 기다림은 평생임을 기억하자.

바꾸고 싶은 나의 나쁜 습관을 적어보세요.

바꾸고 싶은 나의 나쁜 습관을 적어보세요.

 만들고 싶은 나의 좋은 습관을 적어보세요.

 만들고 싶은 나의 좋은 습관을 적어보세요.